読書の自由と図書館

石塚栄二先生卒寿記念論集

石塚栄二先生の卒寿をお祝いする会　編
日本図書館研究会　刊

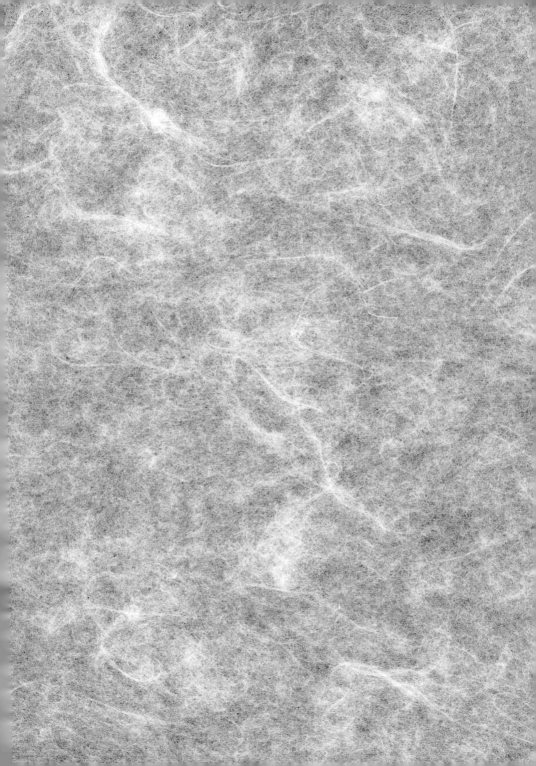

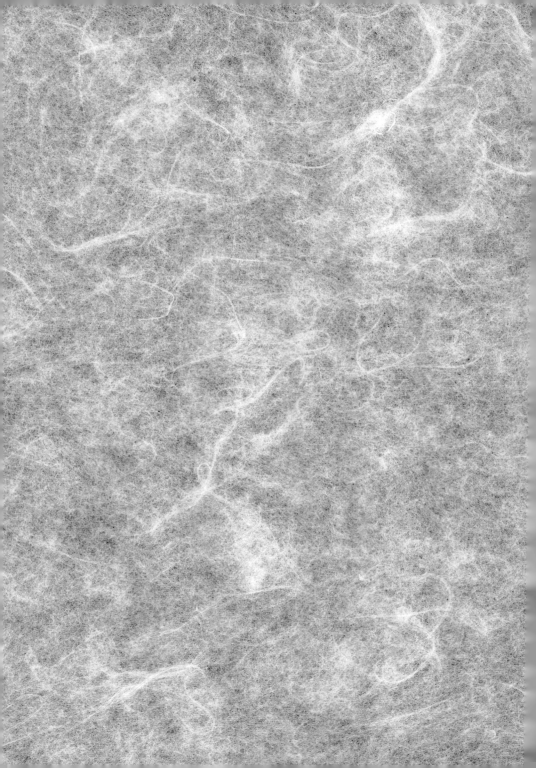

石塚栄二先生 近影

はじめに
－石塚栄二先生と日本図書館研究会

日本図書館研究会理事長
前 田 章 夫

　日本図書館研究会の名誉会員である石塚栄二先生の卆寿をお祝いして、ひと言、記させていただきます。

　石塚栄二先生と日本図書館研究会との関係は、そのまま当会の歴史であり、先生は当会とともに歩んで来られたと言っても過言ではありません。当会が発足してまもない1952年に入会され、研究活動はもとより、当会の運営にも多大な貢献をしてこられました。先生の当会機関誌『図書館界』への寄稿については文献リストにありますので、ここではその他の部分での功績を『日本図書館研究会の50年』などで辿ってみます。

　まず運営面では、入会翌年の1953年から1964年まで評議員に就任された後、1965年から1990年までは理事（1975-76年度を除く）を務められました。その間、編集委員長や出版委員長などを担当されていました。また理事退任後の1993年から1996年には「図書館研究奨励賞」の選考委員に就任され貴重なご意見をいただきました。こうした功績を称えて2003年2月の理事会において名誉会員に推挙され今日に至っています。

　研究活動の面で最初に先生の名前が出てくるのは、1953年7月に大阪市立天王寺図書館で開催された研究例会で、その時の課題は「開架制における管理面の諸問題」です。1960年代に入ると、整理部門でのご活躍が目にとまります。1965年8月に大阪アメリカンセンターで開催された「図書館学セミナー（中級セミナー）：目録法中級講座」では「記述目録法」の講義をされています。その後

も、1972年7月の「図書館学中級セミナー」（会場・堀川会館）では、「和書目録法理論」を講義、1974年3月の「中級セミナー」（会場・豊中市立図書館、みのお山荘）では、「第Ⅱ部　整理体系確立のために：貸出（予約・読書相談）を保障し、レファレンスに答えるために」というテーマの下に、森耕一、前川恒雄、塩見昇氏らとともに講師をされています。さらに1980年代に入ると、「図書館の自由」に関連するご発言・発表が多くなります。1984年6月に大阪ガーデンパレスで開催された特別研究例会（「図書館の自由に関する宣言」採択30周年記念講演会）では、「自由宣言の30周年」をテーマに講演をされています。その後も第26回研究大会（1985年2月・立命館大学）でのシンポジウム「再び、日常活動における「図書館の自由」を考える」でシンポジストを務めたほか、1994年9月に開催された「図書館学セミナー」（テーマ：「図書館と自由宣言40年」、椙山女学園大学）においても「図書館の自由を考える」をテーマに講演されています。

　こうした石塚栄二先生の功績は、当会に留まらず、日本の図書館界全体にとっても大きな財産と言えるものです。その財産を後世に伝えるために、先生のこれまでの功績をまとめ、『読書の自由と図書館：石塚栄二先生傘寿記念論集』として刊行することになりました。本書がこれからの図書館学研究の前進のための礎として活用されることを期待しています。

2017年7月7日

目　　次

はじめに ………………………………………… 前　田　章　夫　i
　－石塚栄二先生と日本図書館研究会

〈献辞〉
図書館員の基点を問い続ける石塚さん ……………… 塩　見　昇　1

〈謝辞〉
論集へのお礼にかえて ………………………………… 石　塚　栄　二　11

石塚栄二先生　略歴・著作目録 …………………………………… 13

石塚栄二先生　主要論文抄

1　目録法の発展と現代目録法 ……………………………………… 29
2　NDC の誕生とその成長過程を巡って …………………………… 38
　　－標準分類法の成立へ－
3　利用者研究を発展させるために ………………………………… 56
4　図書館協議会を住民参加の場とするために …………………… 66
5　図書館員の倫理 …………………………………………………… 74
6　図書館の自由を考える …………………………………………… 89
7　プロフェッションと司書職制度 ………………………………… 95
8　図書館員の専門性－その理念について ………………………… 102
9　図書館員の新しい学習課題 ……………………………………… 117
10　主語と主体 ……………………………………………………… 122
11　富山県立図書館の図録非公開と資料損壊事件について ……… 124
　　－ある自画像の受難：富山県立近代美術館・図書館事件－
12　富山県立図書館図録問題の新展開 ……………………………… 133
13　図書館の情報公開 ………………………………………………… 140
14　情報公開制度と公立図書館 ……………………………………… 142

15　住民と図書館 …………………………………………… 152

16　「子ども読書活動推進計画」の策定について …………… 158

17　子ども達に読書の喜びを ……………………………… 169
　　－市町村での推進計画の策定を進めよう

18　図書館の行政サービスへの協力 ……………………… 174

19　「子どもの読書活動推進計画」の発展といくつかの提案：
　　学校図書館の整備充実、公立図書館から学校図書館への
　　支援について ………………………………………… 178

20　利用者層の拡大を企図するということ ……………………… 183

特別寄稿

図書館の自由と石塚栄二先生 …………………… 原　田　安　啓　187

「図書館員の倫理綱領」の
　成立過程における専門職論 ………………… 福　井　佑　介　189
　　－時期尚早論をめぐって－

堺市立図書館協議会と石塚先生 ………………… 家　禰　淳　一　198

石塚栄二さんと「図書館の自由」の「微妙」……… 村　岡　和　彦　204

日本出版学会と石塚栄二先生 …………………… 湯　浅　俊　彦　208

石塚先生の思い出 ………………………………… 西　村　君　江　213
　　－図書館とまちづくり・奈良県・ネットワークとともに－

石塚邸最終蔵書目録の編成軌跡 ………………… 山　田　美　雪　219

石塚先生の広く大きな足跡 ……………………… 志保田　　　務　221

石塚栄二先生インタビュー〈編集〉………………………………… 225

あとがき …………………………………………………………… 231

石塚栄二先生の卆寿をお祝いをする会賛同者 ……………………… 233

執筆者一覧 ………………………………………………… 234

〈献辞〉

図書館員の基点を問い続ける石塚さん

塩 見　　昇

まえがき

　超高齢化が喧伝され、80歳代の人が珍しくない時代であるが、90歳を超えてなおかくしゃくという人は、それほど多いわけでない。そんなおひとりである石塚栄二さんが卒寿を迎えられるのをお祝いして記念論集を、という今回の企画に際し、長年にわたるご指導とお付き合いに感謝し、石塚さんが強く関心を寄せてこられた図書館員の倫理、図書館の自由とのかかわりを主に、職場を共にした時期のことなども含めて、標記のテーマで小文を寄せたい。石塚さんの図書館人としての全体像、数多くの業績への論評ということではなく、私的に石塚さんの「ひと」について思うこと、といった文章になることをお断りしておく。

石塚さんとの出会い

　私が石塚さんとご縁を持ったのは、1961年7月、石塚さんが和歌山県立図書館から大阪市立中央図書館の創設事務室に移ってこられたときである。この時期、大阪市は市制70周年を記念し、戦前からの悲願であった中央図書館の開設に向け、1960年5月に西区の本田小学校の空き校舎を利用して創設事務室を設置し、新図書館の開架を飾る5万冊の図書を整備する事業にかかっていた。私はこの年の4月に、このこともあって一挙に7人採用された司書の一人として大阪市に入職し、5月末から創設事務室に配属され、新規購入図書を整理する作業の一端にかかわっていた。建設担当、庶務担当を除く全員が図書整理を担当する司書で、購入図書の選択、発注、受入れ、登録、分類、件名、目録記入、標目付与、目録カード

作成と配列、整理済み図書の書架配架、の順に机を並べて、まさに流れ作業で業務を分担しており、私は最後の標目付与から配架までをあてがわれた。今から思うと、資料選定をする主任を除くとベテランと言える司書はほとんど皆無で、4月に入ったばかりの新任3人を含む苦肉のメンバーだったことは否めまい。

　日本図書館研究会（日図研）のメンバーが主に研究し、提唱していた記述独立方式の整理法を採用しての新館向け作業で、この方式を導入する大規模な蔵書整理として、大阪市は最初の図書館だったのではないだろうか。日図研・目録編成規則委員会編の『目録編成規則』はまだ刊行されておらず（この年の7月刊行）、その原稿のような謄写印刷冊子をトゥールに使っての作業だった。そのことでいえば、未経験者による手探りでの突貫作業だったのだろう。しかし、1年余で5万冊の整理をしないといけないので、立ち止まって検討するという余裕もなく、ひたすら数をこなす日々を一年余りこなした。

　そんな作業の中に、記述独立方式の研究メンバーでもあり、整理の専門家である石塚さんが1961年7月に主任として参加された。この心細い整理スタッフへの緊急補強だったのだろう（ちなみに開館間近の61年10月には研究チームの中核だった森耕一さんが整理の責任者として着任される）。だが元もと図書整理にさほど興味があったわけではない私には、石塚さんのこともほとんど知るところはなく、当時は、ベテランの人がひとり来た、という程度の認識だった。しかし話の折々に本についてよくご存じだと感心することが多く、こういう人がほんものの司書なんだろうな、と思ったものである。

『中小レポート』―若手を育む石塚さん

　そんな石塚さんとのかかわりの中で最も記憶に残るのは、中央図書館開館後の1963年6月頃、「こんどこんな本が出たよ」と一冊の本を見せられた。日本図書館協会（日図協）から出版された『中小

都市における公共図書館の運営』である。『中小レポート』の名で親しまれ、その後の日本の公共図書館の発展に大きな役割を果たす本であるが、当時の私はまだ全く知らなかった。石塚さんが実地調査委員として高砂市立図書館調査に加わるなど、その成立に参加されていたそうで、「読んでみるといいと思うよ」ということだったので、職場で輪読しようと思いたち、石塚さんと私の連名で中央図書館の奉仕課、整理課の司書全員に回覧を回して参加を呼びかけた。そのときの案内文がまだ私の手元に残っており、当時を紹介する話しの折に幾度か使いもしてきた貴重な「資料」である。次にその全文を記載する。

　　　〈回　覧〉
　このたび日本図書館協会から発行された『中小都市における公共図書館の運営』を有志のもので一緒に読もうということになりました。
　同書の標題は「中小都市における…」となっていますが、内容は必ずしも中小都市の公共図書館にのみ役立つものではなく、一般的な公共図書館のあり方について私たちを考えさせることが多いと思います。A5版、217頁ばかりのものですので、およそ5回位で読み終えるようにしたいと考えていますが、興がのれば同書から離れていろいろ意見交換もできるでしょう。第一回の集まりを下記のとおり開きますから参加希望の人は、整理課石塚、奉仕課塩見までご連絡ください。
　　と　き　［1963年］7月9日（火）　午後5時15分〜7時
　　ところ　二階、職員休憩室。上記の図書、現在6冊あります。

　当時、職場のいろいろな問題もあって、若手の職員の中で職場の組合活動や勉強会の関心が強く、図書館問題研究会（図問研）に加入するものも少なくなかった。そういう中での呼びかけで、15〜6名が参加し、7月から12月までの6回でテキストを読み終え、そ

の過程であれこれの論議をした。職場のことと全国的な図書館の状況を重ねて考える機会となったはずである。この集まりでは石塚さん、図問研（後述）の発足当初からの会員である古参の神野清秀さんから、当時の図書館状況やこのレポート作成の事情などを伺い、大いに刺激を受けた。このことがなければ、私が『中小レポート』を知るのはもう少し後になっていたことだろう。石塚さんは当時管理者の立場にあったので、いろいろ気遣いもあっただろうが、若手の司書を育てることでずいぶん気を配っていただいた。中央図書館開館後は、石塚さんは整理課主査、私は主に奉仕課の勤務だったので、仕事の上での直接の接点はあまりなかったが、信頼できる先輩としてお付き合いさせていただき、1971年春に私が大阪教育大学に転出して以降、日図研の理事会、図問研の常任など、研究会の活動でご一緒することが多くなる。この点は、森耕一さんとの関係にも共通している。

図書館員の専門性、倫理

　資料整理法の専門家としての石塚さんはよく知られているが、それに言及するのは私の役割ではない。もう一つの主要な関心事である図書館員の専門性、倫理、図書館の自由に関係する分野でのお仕事について取り上げる。

　本書に収められる著作目録が語るように、石塚さんは膨大な著作をお持ちであるが、1960年代から70年代にかけての初期の著作の中で眼を引くのが図書館員の専門性、倫理に関する発言である。当然のことながら図書館員をめぐる問題は、常に図書館関係誌を賑わす主要なトピックスであり続けているが、石塚さんはこの分野で早くから積極的に発言をされており、日本図書館協会1980年総会が採択した「図書館員の倫理綱領」の策定にも重要な役割を果たされている。

　図書館活動に大きな進展がみられる1960～70年代が、その担い手である図書館員の問題をめぐる新たな脈動の時期でもあることと

は深く連動している。専門職としての雇用と制度化、その在り方への利用者サイドからの問いかけ、不当配転問題の顕在化、などの動きに対応すべく、日図協に図書館員の問題について窓口となる委員会の設置を求める決議が1967年の全国図書館大会において行われ、1970年に「図書館員の問題調査研究委員会」として常置委員会が誕生した。この委員会が一貫して追求したのが「図書館員の専門性とは何か」という重く、大きいテーマであり、その中で倫理綱領の必要性が提起され、その内容が繰り返し論議されてきた。その論議の中核を担った一人が石塚さんである。すでに1967年の『図書館雑誌』特集「日本図書館協会への提言」において、「プロフェッションとしての協会を」の提言がある。この提言で石塚さんは、日図協が「日本の図書館員のprofessionとしての方向をめざすべき」だとし、そのために必要な課題を提示している。図書館員が真に専門職業として成長し、その集団が結集する図書館協会に、という展開の志向は、石塚さんが国の設置する図書館職員養成所の第一期卒業生（1950年卒）だということとおそらく無縁ではないだろう。図書館員という職に対するそういう自負と思い入れに立ってのこのテーマへの関心であるに違いない。

　図書館員の倫理綱領についての直接の提言としては、『図書館界』が図書館教育について特集を組んだ際（22巻1号、1970年5月）、図書館員が専門職として自己主張し得る要件として備えるべきprofessional codeの内容を10点に整理して提示されている。それは図書館員の問題委員会による倫理綱領案の提起への重要な示唆となっている。委員会からの提起を論議する全国大会〈分科会〉にもしばしば参加し、その中身づくりに積極的に参画されており、綱領が採択された年の全国大会「読書の自由と図書館員の倫理」分科会においても、この綱領の理解を広め定着させていく今後の行動計画、とりわけ館長、理事者を対象とする働きかけの重要性を示して、委員会を鼓舞されている。

　石塚さんの図書館員問題への関心は、単に論稿執筆という面から

だけではなく、図書館運動への踏み込みという実践的側面でも顕著だった。1969〜72 年に私が中心になって図書館問題研究会（図問研）の本部・常任委員会を関西で引き受けざるを得ないことになり、若い者だけでは、ということから栗原均、天満隆之輔さんとともに石塚さんにも常任に加わっていただき、副委員長をお願いした。若い連中を支え、育てることの意味を感じていただいての決断だったかと思う。本部を関西に移した際、いずれかの図書館に事務局を置くめどがなかなかつかなかったため、しばらく石塚さんのお宅を事務局（連絡先）にさせてもらった。"図問研＝幽霊説"[1]がいまだ完全に払拭されてはいなかった時期だけに、いろいろご苦労・ご迷惑をかけたのでは、と今にして思う。（その後、本部を関東に移すまで、事務局長である私の自宅を事務局にした）。

　1976 年に現場を離れ、帝塚山大学の教員に転じられてからは、研究者の立場からより自由な発言の機会を持たれ、地元である豊中市をはじめいくつかの自治体の図書館協議会委員も務められた。大阪市公文書館運営委員会では、持ち前の史資料・情報についての該博な専門知識を踏まえて、保存・研究機関である公文書館と公開・教育機関である公立図書館とをつなぐ役割を果たされる。このことでも、後に公文書館運営委員会から改組される大阪市公文書管理委員会の委員長職を私が引き受けることで、石塚さんとのご縁を感じた。

図書館の自由と自由委員会

　「図書館員の倫理綱領」の制定、その中身づくりに大いに力を尽くされた石塚さんであるが、実はその時期、並行して「図書館の自由に関する宣言」を改訂するという大きな課題が日図協で取り組まれていた。1954 年に激しい論議を経て採択された「宣言」も、その後はながくひっそりと忘れられがちな存在だった。それが 1973 年の山口県立図書館における蔵書封印事件[2]を契機に、図書館の自由を扱う専門委員会の設置を求める声が高まり、1974 年に「図書

館の自由に関する調査委員会」の設置が決まり、その具体化を進めることになった。関東と近畿に地区小委員会を立ち上げることから始動した自由委員会の構成について、そこまでの準備にかかわってきた森耕一さんと私が最初に声をかけたのが、石塚さんと酒井忠志さんだった。近畿各県にわたってこの委員会に参加いただくメンバーの選出について相談にも乗っていただき、1975年3月から委員会活動を発足させた。

　自由委員会を設置するかどうかについて、協会は非常に慎重な検討と手順を経て結論を下すが、その際に留意された大きな難題が、当時西日本の図書館の多くで直面していた部落差別にかかわる資料の扱いをめぐる難しい状況にどう対処するか、日図協が対応できるか、ということがあった。そのため、発足した近畿地区小委員会では、まず集中して取り上げた事例研究において、部落差別、差別表現に関連する現場の事例をいくつか優先的に取り上げ、事実の把握、論点整理、対処の方策等について手探りしつつの学習を重ねた。この問題について石塚さんは、現場の責任者という立場からの実務判断、さらには大学に転出されて以降は、学生部長の立場から主導的に対処された同和教育推進の経験も込めて、中心としてご指導いただいた。特に、同和教育、解放教育の研究者による協議の場で、部落問題の研究者や団体役員などにも、人権尊重、差別からの解放に資する図書館の役割・在り方について積極的に理解を広げる発言もしていただき、その成果を委員会にももたらしていただいた。

　石塚さんが自由委員会の全国委員会委員長を担われた時期であったと思うが、差別図書・差別表現とされる資料の扱いをめぐって、問題提起者の立場になることが多かった部落解放同盟の中央幹部との話し合いをするため、石塚さんとご一緒して広島県府中町に小森龍邦書記長（当時社会党衆議院議員）を訪ね、やり取りをした経験は印象深い。石塚さんが差別に向き合う図書館の役割をしっかり話していただき、小森さんもそれを理解し、「図書館の自由の宣言は

素晴らしい。それを基礎にしてやってほしい」と応じられたことは今も記憶に新しい。こうした場面の設定は、おそらく石塚さんでないと持てなかったのではないかと思う。

1979年自由宣言の改訂
　事例研究や各地で相ついて生起する事件への対応でスタートした自由委員会であるが、全国規模の事業として最初に取り上げた大きな課題が、1954年宣言が長く放置してきた副文を今日的に再生することを目指し、結果的に宣言本体の手直しにも至った1979年自由宣言改訂であった。
　東西の地区小委員会での審議、両委員会の合同連絡会での論議、更には大詰めでの改訂案起草委員会、等々の各検討の場で、石塚さんには中心的な役割を果たしていただいた。3年をかけた全国規模の大きな共同作業であるので、個々の委員の具体的な関与は必ずしも明確ではないが、石塚さんは、宣言の主体、主語（実践主体）における図書館と図書館員との峻別には、とりわけ意識されるところが強かったと思う。そこには図書館の社会的役割を鮮明に示す自由宣言と、その担い手である図書館員の在り方を社会に誓約する倫理綱領とのすみわけ、区別を強く意識する石塚さんの考え方がベースだったし、そしてそれが1979年改訂の重要な特徴の一つであった。他にも改訂宣言における、提供制限があり得る場合の基準としての「人権またはプライバシーを侵害するもの」、寄託者が公開を否とする非公刊資料というカテゴリーの設定、図書館の自由のたたかいで不利益をうけた職員が万一出た場合の日図協の役割、などについて石塚さんは関心が強かったように思う。
　最終段階での改訂案を仕上げる起草委員会は、森耕一委員長、石塚、酒井委員と私の4人で担い、分担執筆、原稿を突合せての論議を重ねた。宣言改訂後に3か月程度で作成した宣言解説書の刊行もこのメンバーによる。

図書館員に寄せるさらなるまなざしを

　研究会や役員会、委員会等を通じて、日図研、日図協、関西の図書館界のなかでの、森耕一、天満隆之輔、栗原均さんといった石塚さんと近い世代の、しかも互いに親しい人たち（それぞれ私にとって大事な諸先輩である）との互いの関係を長い間、間近に見ることが少なくなかった。そのなかで、けっこうお互いに意識しあい、ときに突っ張りあいもみられる微妙な間柄を興味深く拝見もしてきた。それは大事な図書館史の一断面である。その人たちもすべてもう鬼籍に入られて久しい。

　ただひとりお元気な石塚さんには、後続の図書館員たちへの変わらぬ優しいまなざしと厳しいご鞭撻をこれからも長くお願いしたい、と強く想う。石塚さんの若いころからの願いである「プロフェッションとしての図書館員、日本図書館協会」への展望が、館界に今なお定かでないことは残念なことではあるが。

　石塚さんのますますのご健勝、ご多幸を祈念したい。

注
1）「図問研＝幽霊説」：1955年に結成された図書館問題研究会は当初、反体制的、過激な発言により、その実態の力以上に図書館界の上層部等から警戒、異端視され、「危険な組織」という「幻想」がひとり歩きしがちだった。その様子を指して「図問研＝幽霊」説が唱えられた。その状態は1970年代末にはほぼ雲散することになる。
2）"山口県立図書館の蔵書隠匿事件"（塩見昇編著『図書館概論』新訂版，日本図書館協会，2008．UNIT10 図書館の自由〈2〉▶▶1979年改訂，p.52）

（大阪教育大学名誉教授・日本図書館協会前理事長・日本図書館研究会元理事長・元大阪市立中央図書館司書）

〈謝辞〉

論集へのお礼にかえて

石　塚　栄　二

　このたび、志保田さんを始め多くの方々のお薦めによって、図書館に関わってからを纏めて皆さんにご覧頂くことになりました。
　1950年春、図書館職員養成所を卒業して和歌山県立図書館に就職したのが図書館との関わりの最初と言ってよいでしょうか。以来1961年大阪市、1976年帝塚山大学と職場を変えながら、60年余図書館に関わってきましたが、90歳に近づき頭の回転が遅くなったばかりでなく記憶も衰えてきましたので、もう図書館についての発言は、これで打ち止めにしたいと思っています。
　これまで、多くの方々から様々なご教示をいただき、何とか過ごして参りました。また、いろいろな場面で皆様にご迷惑をおかけしたことも多かったかと存じます。お礼を申し上げるとともに、お詫びも申さなければなりません。
　図書館は読書に関わる施設であるとこれまで思ってきましたが、社会の進展に伴って、読書よりも情報提供の施設の性格が強まってきました。それに関係する仕事の一つとしての件名標目表の編成にも多年関わってきましたが、それに関する文章は都合で収録できませんでした。この作業を共にしてくださった方々にお許しいただきたいと存じます。
　1979年の「図書館の自由宣言」改訂に関わって以来、それに関する仕事が大きなウエートを占めてきました。それについて一つ一つの感想を申し上げることで、締めくくりにしたいと思います。
　これは1994年秋椙山女学園大学の図書館学セミナーで申し上げたことの繰り返しですが、自由宣言改訂作業の過程で宣言のタイトルを「国民の読書の自由を守るための図書館の役割に関する宣言」

と改めてはどうかという議論がありました。結論としては、1954年という早い時期に知る自由という理念を掲げ「図書館の自由」を確立しようとした先人の努力と識見を尊重すること、できるだけ短い言葉で端的に訴えることの重要性から、1954年宣言のタイトルを踏襲することになったのですが、読書の自由を守るという基本理念が否定されたのではありません。

　読書の自由を守り、これを拡大していこうという理念は、図書館のよって立つ基本理念であり、その存在理由でもあると考えます。図書館に関する様々な議論や研究は、ここから出発しなければなりません。現実の社会では、公権力による規制のみでなく、さまざまな私的、社会的な圧力による表現の自由の制約が存在します。それにどのように対処市民の読書の自由、情報享受の自由を確保していくかは、図書館の最も大きな課題であると言ってよいでしょう。

　資料の収集、相互貸借、不要資料の廃棄、開架・書庫入れの判断基準、資料記録の整備など、多方面の分野で考えなければならない課題があると考えられます。利用者からの資料要求、また資料排除の意見などに対処する姿勢なども考えなければなりません。資料の内容が特定の人々のプライバシーを侵害したり、名誉を傷つけたりしている場合、どのように対処すべきかは、読書の自由の観点からもっとも悩ましい課題です。また、法令や公的な規制によって資料提供が規制された場合の対処についても考えておかなければならないでしょう。そうした規制に対しては、それが一時的なものか、恒久的なものか判断することも必要です。読書の自由は、現在ばかりでなく、資料保存を通じて将来に渡る課題だと考えます。

　図書館の現場から遠ざかっている老人が繰り言を重ねても、所詮老いの戯言に過ぎません。図書館の人事態勢が大きく変化し、過去のさまざまな議論が忘れ去られるかと思われる現在、いささかの考えを再言して、お礼の言葉といたします。

2017年5月9日

石塚栄二先生 略歴・著作目録

略 歴

略歴については後掲〈石塚先生インタビュー（p 225)〉をご覧ください。

著作目録／大庭一郎原編．増補：志保田務，西村君江，山田美雪

1950. 12. 地方の一図書館から：和歌山県立図書館．図書館雑誌，vol.44, no.11/12, p.253-254.

1952. 4. "あとがき"『学校図書館のしおり』／和歌山縣図書館協会編．和歌山，宮井平安堂，[45] p.「あとがき」に編集委員として筆頭に記名されている。

1954. 6. 閲覧手続について（解説）．図書館界，vol.6, no.4, p.142-144.

1955. 11.「著者主記入論覚書」に対する疑問：基本記入とはなにか．図書館雑誌，vol.49, no.11, p.392-395.

1956. 12. 目録法の発展と現代目録法（第4回総会集録）図書館学会年報, vol.3, no.2, p.17-22.

1958. 4. 読書サークル交流の場に［〈評〉福島県立図書館報　あづま］．図書館雑誌，vol.52, no.4.

1958. 12. 図書整理に関する18章（続く3件「同」と略記）第9章　目録は何のために：必要性とその種類．学校図書館，98号

1959. 1. 同　第10章　目録の書き方（1）基本記入．学校図書館，99号

1959. 2. 同　第11章　目録の書き方（2）事務用カード・利用者目録カード・分出記入カード，同 100号

1959. 3. 同　第12章　目録の編成と維持，同 101号

1959. 5. 全国図書館大会のこと（北から南から）．図書館雑誌，vol.53, no.5, p.183.

1959. 7. 件名（特集，戦後日本における図書館学の発展；図書の整理；3），図書館界，vol.11, no.2, p.57-63.

1959. 7.『和歌山県郷土資料分類表』和歌山，和歌山県立図書館，25 p.

［筆耕謄写印刷版．実質編纂者］

1960. 2. 収集の実行（Ⅲ　図書館資料：F）『図書館ハンドブック』改訂版［実質　第2版］, p.250-260. 東京, 日本図書館協会, 835 p.

1960. 7. 収集の実行（Ⅲ　図書館資料：F）『図書館ハンドブック』増訂版［実質　第3版］, p.250-260. 東京, 日本図書館協会, 875 p.

1960. 12. この規則のできるまで『目録編成規則』／日本図書館研究会目録編成規則委員会, 京都, 日本図書館研究会, p.[4]-7. 同書編集委員会委員として、藤田善一，益野正美，片山良爾とともに記名あり（委員長は森耕一）

1963. 9. 先進的事例とその一般化：アンバランスを直視しよう（ぶらうじんぐ・るうむ）. 図書館界, vol.15, no.2, p.69.

1964. 3. 公共図書館の集書面における図書館協力の問題点（特集, 公共図書館の協力と組織化）. 図書館界, vol.15, no.6, p.200-204.

1964. 3. 大阪府における公共図書館の地域的協力はどこから始めたらよいか：座談会（座談参列）（特集, 公共図書館の協力と組織化）. 図書館界, vol.15, no.6, p.205-211.

1965. 4. 図書記号法の再検討（特集, 整理技術の発展のために）. 図書館界, vol.16, no.6, p.191-194.

1966. 6. 記述目録法の原則とその運用. 図書館界, vol.18, no.1, p.2-7.

1967. 7. 館界の新体制運動〈論調〉. 図書館界, vol.19, no.2, p.33-34.

1967. 11. 目録（特集, 最近10年における図書館学の発展：第1部　研究の歩み－図書の整理：2）. 図書館界, vol.19, no.4, p.125-132.

1967. 11. プロフェッションとしての協会を（特集, 日本図書館協会への提言）. 図書館雑誌, vol.61, no.11, p.479-481.

1970. 2. 司書講習の功罪. 図書館雑誌, vol.64, no.2, p.51-53.

1970. 4. 大阪市の図書館サービス（特集, 大都市の図書館）. 図書館雑誌, vol.64, no.4, p.164-167.

1970. 5. 図書館員の倫理（続特集, 図書館教育）. 図書館界, vol.22, no.1, p.2-8.

1970. 9. 標目未記載ユニット・カード採用事例（第1回整理技術全国会議議事録；事例発表1）東京, 日本図書館協会整理技術委員会, p.12-15.

1970. 10. "解説"書名主記入論／落合重信，（日本図書館協会，1942，図書

館論叢；第一輯）．復刻：日本図書館研究会，1970，p.63-66．［出版委員長としての執筆］

1970. 11. ひとつの椅子〈論調〉．図書館界，vol.22, no.4, p.121.

1971. 3. 図書館財政論覚え書き（特集，図書館行政）．図書館界，vol.22, no.6, p.224-229.

1971. 5. 図書館法公布 21 年〈提言〉．図書館界，vol.23, no.1, p.1.

1973. 6.「図書館界」の編集について．図書館界，vol.25, no.1, p.1.

1973. 6. 市民に対する誓約としての綱領を：図書館員の問題調査研究委員会「倫理綱領の具体化のために」を読んで．図書館雑誌，vol.67, no.6, p.247.

1973. 8. 公立図書館の望ましい基準〈提言〉．図書館界，vol.25, no.2, p.43.

1973. 9. "件名標目のあたえ方"『件名目録の実際』／山下栄編．東京，日本図書館協会，p.111-165.

1974. 4. 図書館員の新しい学習課題（シリーズ研修問題）．図書館雑誌，vol.68, no.4, p.142-143.

1974. 10. "5. 資料統計，6. 経営統計".（調査と統計／森耕一編．東京，日本図書館協会，p.139-164.）

1974. 12. "図書館の自由"と"読む自由"〈提言〉．図書館界，vol.26, no.4, p.101.

1976. 9.「新着だより」の削除事件をめぐって：事例研究報告（図書館の自由に関する調査委員会・近畿地区小委員会）．図書館雑誌，vol.70, no.9, p.374-376.

1976. 9. 図書館資料：主題検索法研究の歩み：文献リストと展望．（第 150 号記念特集，昭和 40 年代における図書館・図書館学の進歩）．図書館界，vol.28, no.2/3, p.146-150.

1976. 10. NDC の総記共通区分における面の複合：NDC 改訂への一試案．図書館学会年報，vol.22, no.2, p.49-52.

1976. 12. 整理技術［1975］（文献展望）．図書館学会年報，vol.22, no.3, p.141-142.

1977. 2. 件名目録法（V　整理技術：E）『図書館ハンドブック』第 4 版．東京，日本図書館協会，p.279-290.

1977. 5. 戦後日本における公共図書館の思想的発展．図書館界，vol.29, no.1, p.1-5.

1977. 7. "読書の自由と図書館（第4分科会）事例報告2".『全国図書館大会記録　昭和51年度』東京，日本図書館協会，p.70.

1977. 9. 昭和52年度全国図書館大会への招待　第5分科会　図書館員の専門性とその制度化．図書館雑誌，vol.71, no.9, p.415.

1978. 1. 目録情報サービスの発展のために：印刷カードをめぐって（第19回研究大会シンポジウム　基調提案）．図書館界，vol.29, no.5, p.192-194.

1978. 3. 整理技術1976（文献展望）．図書館学会年報，vol.24, no.1, p.46-48.

1978. 5. 目録情報サービスの発展のために：基調提案（第19回研究大会シンポジウム）．図書館界，vol.30, no.1, p.1-4.

1978. 6. 司書の専門性を制度化するもの．みんなの図書館，no.12, p.1.

1978. 9. 北京大学図書館学部の現況．〈特集，中国の図書館：全国図書館職員友好の翼訪中団・報告1978. 6.3～6.19〉中国研究月報，no.367, p.33-34.

1978. 11. プロフェッションと司書職制度（特集，続・再び司書職制を問う）．図書館雑誌，vol.72, no.11. p.545-547.

1979. 5. 読書の自由のための資料収集（特集・図書の収集と選択への提言）．図書館界，vol.31, no.1, p.3-7, 120.

1979. 5. 特集，図書館員の研修と図書館の自由：住民に役立つ図書館員となるために：図書館員の研修と学習について．みんなの図書館，no.24, p.2-7.

1979. 9. "図書館員の専門性：その理念について".『図書館員の専門性と図書館の自由：第4期図問研塾の報告』図書館問題研究会大阪支部編．図書館問題研究会大阪支部，p.1-14.

1979. 12. 山下栄先生のご逝去を悼んで．図書館雑誌，vol.73, no.12, p.643.

1979. 12. 「豊かで住みよい地域社会と公共図書館」，「第1次　図書館全国計画のための基礎資料集　1」共に全国公共図書館協議会編・刊（書評）．図書館雑誌，vol.73, no.12, p.648.

1980. 9. 自由宣言「人権またはプライバシーを侵害するもの」条項について（第6回理論集会の報告）．図書館評論，no.21, p.60-64.

1980. 10. 特集，最近のISBN・図書コードの問題をめぐって：ISBNと図書館の自由．図書館雑誌，vol.74, no.10, p.542-544.

1980. 10. 中国図書館事情：武漢における図書館活動．中国研究月報，no.392, p.4-8.
1981. 3. 〈書評〉『近畿地区私立短期大学雑誌目録』図書館界，vol.32, no.6, p.237-238.
1981. 6. 情報公開と図書館：図書館の自由に関する宣言との関係において．（特集　情報公開・プライバシー）ジュリスト，no.742, p.85-88.
1982. 2. 情報公開における図書館の役割．大阪公共図書館協会会報，no.83, p.1.
1982. 3. 図書館の自由を支えるもの「図書館なごや」（名古屋市立図書館報）64号，p.1.
1982. 9. 図書館の民間委託．図書館評論，no.23, p.88-94.
1982. 10. 『図書館用語辞典』図書館問題研究会図書館用語委員会編．東京，角川書店．［執筆項目不分明］．
1982. 12. 気づいたこと（会員の声による昭和57年度全国図書館大会報告）図書館雑誌，vol.76, no.12, p.811-812.
1983. 3. 国立貸出図書館の実現を期待する（特集，国立国会図書館の飛躍を求めて：第2国立国会図書館への要望）図書館雑誌，vol.77, no.3, p.151-152.
1983. 12. 地方自治体における情報公開制度と公立図書館の役割．帝塚山大学紀要，no.20, p.25-35.
1983. 12. 読者の立場からの出版学を．日本出版学会報，第51号，p.2.
1984. 5. 「図書館の自由に関する宣言」成立の頃（特集，図書館の自由に関する宣言30年）『図書館年鑑1984』東京，日本図書館協会，p.279-283.
1984. 5. 日常活動のなかでの図書館の自由（特集，図書館の自由に関する宣言30年）『図書館年鑑1984』．東京，日本図書館協会，p.294-296.
1984. 7. 情報公開制度と公立図書館．季刊としょかん批評，no.4, p.64-71.
1984. 9. ニューメディア時代の図書館の自由（全国図書館大会への招待；第8分科会）図書館雑誌，vol.78, no.9, p.600.
1984. 9. 図書館協議会を住民参加の場とするために（特集，図書館協議会の可能性）．みんなの図書館，no.88, p.30-35.

1984. 10. 広島県立図書館「図書破棄事件」について（特集，つどいの話題）図書館雑誌，vol.78, no.10, p.662.
1984. 10. "山口図書館事件をめぐって"『「図書館の自由」に寄せる社会の期待』（図書館と自由，第6集）東京，日本図書館協会，p.7-9.
1984. 10. 『レファレンスワーク』[志智嘉九郎著] 復刻にあたって [まえがき]．『レファレンスワーク』，天理，日本図書館研究会，p.1.
1985. 1. ニューメディア時代の図書館の自由（特集，全国図書館大会ハイライト：第8分科会）図書館雑誌，vol.79, no.1, p.29-30.
1985. 4. 広島県立図書館問題に関する報告／図書館の自由に関する調査委員会［文責］．図書館雑誌，vol.79, no.4, p.222-224.
1985. 6. "図書館の自由をめぐって"『図書館年鑑1985』，東京，日本図書館協会，p.94-96.
1985. 6. "山下栄先生年譜について" in『山下栄図書館論集』．神戸，『山下栄図書館論集』刊行会（印刷：ナカバヤシ），p.[ii].
1986. 3. 市制50年から図書館創立50年への前進を期待する．『市民とともに歩んで：豊中市立図書館40周年記念文集』豊中市立岡町・庄内・千里図書館編．豊中，豊中市立岡町図書館，p.3-4.
1986. 5. 件名目録の普及のために：BSHとSLSHの比較検討から．図書館雑誌，vol.80, no.5, p.279-281.
1986. 6. "図書館の自由をめぐって"『図書館年鑑』1986，東京，日本図書館協会，p.96-98.
1986. 8. "中国" in『世界の公立図書館』11章（図書館学体系；6）．東京，全国学校図書館協議会，p.176-190.
1987. 2. 図書館と教育改革〈窓〉．図書館雑誌，vol.81, no.2, p.61.
1987. 3. "地方自治体における情報公開制度と公立図書館の役割"．『情報公開制度と図書館の自由』（図書館と自由，第8集）東京，日本図書館協会，p.32-45.
1987. 3. ニュースレターの復刊にあたって．[ニュースレター] 図書館の自由，no.5, p.1-2.
1987. 5. ［発言］in「日本図書館協会昭和61年度（第2回）理事会議事録」．図書館雑誌，vol.81, no.5, p.282.
1987. 6. "図書館の自由をめぐって"．『図書館年鑑1987』東京，日本図書館協会，p.102-104.

1987. 6. 『北方ジャーナル』事件最高裁判決の提起したもの．図書館の自由，no.6, p.2.
1987. 8. 教育改革と図書館と〈窓〉．図書館雑誌，vol.81, no.8, p.419.
1987. 9. "図書館の自由の当面する課題をめぐって"（第73回全国図書館大会への招待　第5分科会）図書館雑誌，vol.81, no.9, p.547.
1987. 9. 中国における近代図書館思想の受容：武昌文華大学図書科の活動を中心に．（「図書館史を考えるセミナー」第4回：図書館思想の受容，1986年9月14日～15日　京都・トラベラーズ・イン．第1日；3），図書館史研究，no.4, p.93-94.
1987. 10. "あとがき" in 『図書館の自由に関する宣言1979年改訂』．東京，日本図書館協会，p.[64]-65．[同協会，図書館の自由に関する調査委員会委員長としての執筆].
1988. 2. 難民に図書館を〈窓〉．図書館雑誌，vol.82, no.2, p.65.
1988. 3. 『宣言解説』の改訂版刊行について（第5分科会：図書館の自由の当面する課題をめぐって）．『全国図書館大会記録　昭和62年度』．東京，日本図書館協会，p.72-74.
1988. 3. "全体会　第5分科会報告"．『全国図書館大会記録　昭和62年度』東京，日本図書館協会，p.191.
1988. 3. 文献複写サービスとプライバシー『図書館は利用者の秘密を守る』（図書館と自由；第9集）．東京，日本図書館協会，p.77-85.
1988. 3. 学科としての設置基準について〈第7回会合報告（3）〉．[日本図書館研究会] 図書館学教育研究グループ通信，no.9, p.3-4.
1988. 5. 富山県立図書館の閲覧禁止問題．「日本図書館協会昭和62年度（第2回）評議員会議事録」．図書館雑誌，vol.82, no.5, p.311．[図書館の自由委員会委員長としての発言]
1988. 8. "図書館の自由をめぐって"．『図書館年鑑1988』東京，日本図書館協会，p.102-104.
1988. 8. 図書館員の読書〈窓〉．図書館雑誌，vol.82, no.8, p.445.
1988. 8. 図書館学科の現状〈第10回会合報告（1）〉．[日本図書館研究会] 図書館学教育研究グループ通信，no.12, p.1-2.
1988. 9. 図書館の自由に関する当面の課題（昭和63年度全国図書館大会への招待：第4分科会）．図書館雑誌，vol.82, no.9, p.578.
1988. 10. 東洋大学の状況〈第11回会合報告（1）〉．[日本図書館研究会]

図書館学教育研究グループ通信，no.14, p.1-2.

1989. 1. 利用者研究を発展させるために（特集，利用者を知り，資料要求をとらえるために）．図書館界，vol.40, no.5, p.196-199.

1989. 3. 全体会第4分科会報告『全国図書館大会記録　昭和63年度』．東京，日本図書館協会，p.260.

1989. 3. "あとがき" in『大学生と図書館』／日本図書館研究会．大阪，日本図書館研究会，p.179.［同研究会出版委員長としての執筆］

1989. 7. 国会図書館関西館の構想に望む．図書館界，vol.41, no.2, p.41.

1989. 8. 図書館の自由をめぐって『図書館年鑑1989』東京，日本図書館協会，p.104-106.

1989. 9. 図書館の自由とこれを支える職員をめぐる課題（平成元年度全国図書館大会への招待）．図書館雑誌，vol.83, no.9, p.572.

1989. 11. "情報公開"と図書館『情報公開と図書館：官庁・行政資料の収集と利用』／図書館フォーラム編．東京，国立国会図書館参考資料部，48 p.

1990. 4. 件名目録法（IV　資料の組織化：H）『図書館ハンドブック』第5版．東京，日本図書館協会，p.270-290.

1990. 9. 図書館の自由をめぐって『図書館年鑑1990』．東京，日本図書館協会，p.104-106.

1990. 9. 富山県立図書館の図録公開と資料の毀損事件について／JLA図書館の自由に関する調査委員会近畿地区小委員会（文責）．図書館雑誌，vol.84, no.9, p.637-639.

1991. 1. 図書館の情報公開〈図書館界〉図書館界，vol.42, no.5, p.271.

1991. 3. 図書館の自由とこれを支える職員をめぐる課題：富山県立図書館における図録非公開問題と資料毀損事件『平成2年度全国図書館大会記録』．（第9分科会：図書館の自由・職員問題）．東京，日本図書館協会，p.169-174.

1991. 3. 公文書館とアーキビストの養成．大阪市公文書館研究紀要，no.3, p.2-16.

1991. 11. 藤田さんのご逝去を悼む〈訃報〉．図書館界，vol.43, no.4, p.194-195.

1992. 4. 図書館の自由 in『図書館概論』／高山正也，岩猿敏生，石塚栄二共著　東京，雄山閣出版，p.115-153.（講座図書館の理論と実際，

第 1 巻：第 8 章）

1992. 4. 図書館員の専門性『図書館概論』／高山正也, 岩猿敏生, 石塚栄二共著. 東京, 雄山閣出版, p.153-159.（講座図書館の理論と実際, 第 1 巻：第 9 章　図書館の職員；1）

1992. 4. 図書館員の倫理.『図書館概論』／高山正也, 岩猿敏生, 石塚栄二共著. 東京, 雄山閣出版, p.159-164.（講座図書館の理論と実際, 第 1 巻：第 9 章　図書館の職員；2）

1992. 6. ポルノコミック規制の新しい動き. 図書館の自由, no.12, p.1-2.

1992. 7. NDC の変遷過程（特集, もり・きよし先生記念論集）短期大学図書館研究, no.12, p.13-18.

1993. 3. 今に生きる図書館の自由（第 9 分科会　図書館の自由：「図書館の自由」の理念の発展）.『全国図書館大会記録平成 4 年度』. 東京, 日本図書館協会, p.179-181.

1993. 3. これからの件名標目と BSH（〈件名〉でリフレッシュ；6）. ほんわかだより, no.74, p.28-74.［日本図書館協会件名標目委員長としての執筆］

1993. 5. 国立国会図書館の課題（特集, 図書館・図書館学の発展：20 世紀から 21 世紀へ；総論［3］）. 図書館界, vol.45, no.1, p.26-32.

1994. 4. 出版の自由と青少年保護育成条例.『子どもの権利と読む自由』（図書館と自由；第 13 集）. 東京, 日本図書館協会, p.201-211.

1994. 5. 科目等履修生の制度について〈第 45 回会合報告（1）〉.［日本図書館研究会］図書館学教育研究グループ通信, no.55, p.1-2.

1994. 7. 富山県立図書館の図録非公開と資料損壊事件について（特集, ある「自画像」の受難：富山県立近代美術館・図書館事件）ず・ぼん：図書館とメディアの本, no.1, p.60-63.

1994. 8. 主語と主体（こらむ図書館の自由）. 図書館雑誌, vol.88, no.8, p.507.

1994. 12. 図書館とプライバシー保護（Ⅰ：現場から①パケット通信と図書館）『コンピュータ社会と人権』. 大阪, 解放出版社, p.30-43.

1995. 3. 件名標目表改訂の基本方針／JLA 件名標目委員会（文責）. 図書館雑誌, vol.89, no.3, p.186-189.

1995. 10. 震災と出版文化（阪神大震災と出版：33 名の報告と証言, 終章：危機に直面したときの出版メディア）, 東京, 日本エディタ

21

ースクール出版部, p.215-219.

1995. 11. 志智さんのご冥福を祈る. 図書館界, vol.47, no.4, p.207-208.

1996. 6. 大和青垣の地のまちづくりと図書館の整備は一体「図書館とまちづくり・奈良県・ネットワーク」の発足によせて. 図書館とまちづくり・奈良県・ネットワーク, no.1, p.1.

1996. 6. 住民と図書館. 図書館とまちづくり・奈良県・ネットワーク, no.1, p.4.

1996. 8. 審議会報告を受けて：4年制大学の立場から〈第57回会合報告（1）〉.［日本図書館研究会］図書館学教育研究グループ通信, no.69, p.1-2.

1996. 9. 富山県立図書館図録問題の新展開（富山県立図書館問題のその後）. ず・ぼん, no.3, p.124-127.

1996. 12. 図書整備計画の策定状況をみる（1）：各地府県の図書館整備計画. 図書館とまちづくり・奈良県・ネットワーク, no.3, p.2-3.

1997. 6. 国庫補助制度の転換と府県の責任. 図書館とまちづくり・奈良県・ネットワーク, no.6, p.4-7.

1997. 7. "住民と図書館"『図書館を考える』. 図書館とまちづくり・奈良県・ネットワーク, p.3-11.

1998. 11. 読書機関としての図書館の再確認を. 図書館とまちづくり・奈良県・ネットワーク, no.14, p.1.

1998. 12. プライバシー侵害と出版物. 帝塚山大学人権・同和教育推進委員会会誌研究報告, no.9, p.33-37.

1999. 7. 件名標目委員会報告『基本件名標目表　第4版』東京, 日本図書館協会, 1999, p.iii-iv.

1999. 8.『基本件名標目表』第4版の完成／JLA件名標目委員会（文責）. 図書館雑誌, vol.93, no.8, p.623-625.

1999. 9. 図書館法改正と地方自治体の責任　図書館とまちづくり・奈良県・ネットワーク, no.19, p.1.

1999. 11.『基本件名標目表　第4版』の特徴と改訂した諸点〈第75回会合報告（1）〉.［日本図書館研究会］図書館学教育研究グループ通信, no.86, p.1-3.

2001. 7. まちづくりに役立つ郷土資料の収集方針を（特集「郷土資料を考える」）. 図書館とまちづくり・奈良県・ネットワーク, no.30, p.4.

2003. 1. 図書館を支えるものを考えよう：通信総会 2002 part 3～皆さんのご意見を受けて～．図書館とまちづくり・奈良県・ネットワーク，no.39, p.10.

2003. 7. 子どもの読書環境を考える．図書館とまちづくり・奈良県・ネットワーク，no.42, p.1.

2003. 9. 市町村の子ども読書活動推進計画の策定を．図書館とまちづくり・奈良県・ネットワーク，no.43, p.1.

2004. 9. 市町村図書館と学校図書館の発展を実現するための一つの提案．図書館とまちづくり・奈良県・ネットワーク，no.49, p.1.

2004. 10. 自由宣言1979年改訂と残された課題（特集，50年を迎えた「図書館の自由に関する宣言」）図書館雑誌，vol.98, no.10, p.719-721.

2004. 10. 『〈図書館年鑑〉に見る「図書館の自由に関する宣言」50年』日本図書館協会図書館の自由に関する委員会編．東京，日本図書館協会．『図書館年鑑』所載の関係文献の抽出再録。（当リスト中に石塚氏の文献多数転載）。

2004. 11. 自治体と住民が共同で支える図書館を．図書館とまちづくり・奈良県・ネットワーク，no.50, p.3.

2005. 3. 解体から再生へ．図書館とまちづくり・奈良県・ネットワーク，no.52, p.1.

2005. 3. 書評『中之島百年：大阪府立図書館のあゆみ』（大阪，大阪府立中之島図書館，2004）．図書館界，vol.56, no.6, p.387-388.

2005. 3. 自由宣言50年：その歴史と評価〈座談会パネリスト〉（第9分科会「図書館の自由に関する宣言」50年：その歴史的意義的意義と今後の課題）『全国図書館大会記録　第90回　平成16年度』．東京，日本図書館協会，p.340-359.

2005. 5. 子どもの読書活動推進の課題：「奈良県子ども読書推進計画」について考えよう〈第8回〉図書館とまちづくり・奈良県・ネットワーク，no.53, p.4.

2005. 9. 子ども達に読書の喜びを：子ども読書活動推進計画の策定を．図書館とまちづくり・奈良県・ネットワーク，no.55, p.1.

2005. 9. 戦後公共図書館発展の背景：シンポジウム戦後公共図書館実践の再検証（日本図書館文化史研究会2004年度研究集会・総会）．図

館文化史研究，no.22, p.63-72.

2005. 10. 15. 基調講演　特集「奈良県子ども読書活動推進計画」について考えよう：第10回　シンポジウム「子どもたちに読書の喜びを」(於：大和郡山市立図書館) の報告．図書館とまちづくり・奈良県・ネットワーク，no.56, p.2-5.

2006. 2. 県民ひとり一人が主体的に係わる運動を．図書館とまちづくり・奈良県・ネットワーク，no.57, p.1.

2006. 3. 前川恒雄さんの『新版・図書館の発見』を読みませんか：誌上定期学習会．図書館とまちづくり・奈良県・ネットワーク，no.58, p.10.

2006. 7. 南諭造さんを偲ぶ (追悼・南諭造先生)．図書館界，vol.58, no.2, p.147.

2006. 9. 図書館の行政サービスへの協力．図書館とまちづくり・奈良県・ネットワーク，no.61, p.2-4.

2006. 12. 子どもの身辺に本を：フォーラムを終えて．図書館とまちづくり・奈良県・ネットワーク，no.62, p.1.

2007. 2. クリエーティブ・パワーを伸ばしてあげよう：子ども読書活動推進を教育改革の柱に加えよう．図書館とまちづくり・奈良県・ネットワーク，no.63, p.1.

2007. 7. フォーラム「田原町子ども読書活動推進計画に学ぶ」報告 (第2回)：フォーラムで学んだもの〜若干の補足と再確認〜．図書館とまちづくり・奈良県・ネットワーク，no.65, p.2-5.

2007. 9. NDCの誕生とその成長過程を巡って：標準分類法の成立へ (シンポジウムもり・きよし生誕100年　日本図書館文化史研究会2006年度研究集会・総会)．図書館文化史研究，no.24, p.5-21.

2007. 12. 石塚栄二氏インタビュー in 湯浅俊彦『日本の出版流通における書誌情報・物流システムのデジタル化とその歴史的意義』第5章．東京，ポット出版，p.312-320.

2008. 2. 「子どもの読書活動推進計画」の発展といくつかの提案：学校図書館の整備充実，公立図書館から学校図書館への支援について．図書館とまちづくり・奈良県・ネットワーク，no.67, p.2-4.

2008. 6. 教育委員会の組織改変について．図書館とまちづくり・奈良県・ネットワーク，no.70, p.5.

2008.	8.	県立図書情報館知事部局への移管について考える．図書館とまちづくり・奈良県・ネットワーク，no.71, p.3-4.
2009.	4.	住民参加と図書館協議会．図書館とまちづくり・奈良県・ネットワーク，no.74, p.1.
2009.	4.	"はじめに"『希（ねがい）：松岡享子先生をお迎えして：おはなし講座』．(言の葉基金第2回事業記念誌)．橿原市（奈良），図書館とまちづくり・奈良県・ネットワーク，p.1.
2009.	6.	学校図書館と公共図書館の協働．図書館とまちづくり・奈良県・ネットワーク，no.75, p.1.
2009.	9.	読書活動を支えるには何が必要か．図書館とまちづくり・奈良県・ネットワーク，no.76, p.1.
2010.	1.	地域の子どもへ絵本一冊を．図書館とまちづくり・奈良県・ネットワーク，no.78, p.1.
2010.	10.	全国図書館大会の奈良開催を終えて．図書館とまちづくり・奈良県・ネットワーク，no.82, p.1.
2011.	1.	地域の図書館の歴史を掘り起こそう（その1）．図書館とまちづくり・奈良県・ネットワーク，no.83, p.1.
2011.	5.	地域の図書館の歴史を掘り起こそう（その2）．図書館とまちづくり・奈良県・ネットワーク，no.85, p.1.
2011.	10.	災害避難者と図書館．図書館とまちづくり・奈良県・ネットワーク，no.88, p.1.
2012.	3.	栗原さんを偲んで（追悼・栗原均さん）．図書館界，vol.63, no.6, p.464-465.
2012.	5.	学校図書館の役割：情報提供と読書支援．図書館とまちづくり・奈良県・ネットワーク，no.91, p.1.
2012.	8.	感性を培う読書と知識を得る読書．図書館とまちづくり・奈良県・ネットワーク，no.92, p.1.
2013.	2.	地域の明日を支える子どもたちのために．図書館とまちづくり・奈良県・ネットワーク，no.95, p.1.
2013.	3.	望ましい基準の子どもへの図書館サービス．図書館とまちづくり・奈良県・ネットワーク，no.96, p.1.
2013.	10.	お年寄りへの「読書介護」を考えよう．図書館とまちづくり・奈良県・ネットワーク，no.99, p.1.

2013. 12. 「図書館とまちづくり・奈良県・ネットワーク」100 号を重ねる．図書館とまちづくり・奈良県・ネットワーク，no.100, p.1.
2013. 12. 北村幸子さんを悼む．図書館とまちづくり・奈良県・ネットワーク，no.100, p.9.
2014. 5. 戦後　図書館関係資料の保存に関する検討：石塚栄二氏所蔵資料を中心に／石塚栄二，志保田務（研究例会報告〈第 301 回〉）．図書館界，vol.66, no.1, p.82-83.
2014. 6. 図書館に優れたコレクションを．図書館とまちづくり・奈良県・ネットワーク，no.103, p.1.
2014. 10. 利用者層の拡大を企図するということ．図書館とまちづくり・奈良県・ネットワーク，no.105, p.1.
2015. 2. 全国大会で感謝状を受ける．図書館とまちづくり・奈良県・ネットワーク，no.107, p.1.
2015. 7. 県立図書館 3 つの機能の統合を見て．図書館とまちづくり・奈良県・ネットワーク，no.109, p.1.
2015. 9. 図書館の資料収集とコレクション受入れをどう考えるべきか．図書館とまちづくり・奈良県・ネットワーク，no.110, p.1.
2016. 6. 読書を好きな人を増やすことに力を合わせよう．図書館とまちづくり・奈良県・ネットワーク，no.114, p.1.
2017. 5. 三人の森さんを振り返る*（特別研究例会案内）．図書館界，vol.69, no.1, p.71.
2017. 7. 地方自治体の財政システムを学習しませんか．図書館とまちづくり・奈良県・ネットワーク，no.119, p.1.

*同発表は図書館界 vol.69, no.3, p.191-195. にその概容が中村恵信文責で報告される。

石塚栄二先生 主要論文抄

1　目録法の発展と現代目録法

『図書館学会年報』第 3 巻 2 号（1956. 12）

I　目録法の歴史的発展

　小論の目的は、中世以降の目録法の発展をたどってみることにより、その時代の要求に対応した目録法のありかたを探りひいては現代の目録法のあるべき姿を考えることにある。

　現在私たちの受取っている目録法が、その歴史的発展のなかでどのような性格を身につけながら成長してきたかをたずねるには、中世における寺院図書館の目録までさかのぼってみなければならない。

　中世の寺院図書館は、散在し消滅しかけている古代からの遺産を収集し、校訂し、正確なテキストを作り、これを写して後世に伝えることを目的としたものであったことは、すでに明かになっている。こうした性格の寺院図書館における目録は、その大部分が財産目録としてのそれであり、特定の著作を検索するためのものではなかった。ただ各所から収集された断片的写本を校訂し継ぎ合せて一つのテキストを定めるためには、当然同じ literary unit に属するものを一つの見出しのもとにまとめておく必要があった。この頃の事情について J. Pettee は次のように述べている。

　「中世の図書館でとりあつかう書物は大部分が写本であり、これら写本には図書館員自らその書名を補わなければならなかった。そこで彼等は、著者の明らかなときは著者の名にその図書の内容をあらわす語句をつけ加えて書名とし、著者不明のときは内容をあらわす語句だけをもって書名とした。」

　この言葉は、中世の寺院図書館の目録に発見される著者の ABC 順の目録によって裏書きされている。（それらの目録の中で無著者

名図書は、「24 点の書名なき図書」というような項目にまとめられている。）このことは、現在でもある程度そうであるが古典的著作は著者の名を冠して呼ぶことによって特徴づけられることと、無著者名図書は、その主題形式などによって特徴づけられる。

さて、写本時代がながく続いたが年代が下るにしたがって集書はだんだん大きくなって行った。しかも 1450 年代に印刷術が発明されるに及んで集書の増加は速度をました。とはいえ、「庶民的な書物の発展の時代」といわれる刊本時代に入るには相当の年月を要した。

この間における集書は寺院から遺族や大学の方に次第に移って行ったようである。そこで前の時代より大きくなった集書の目録はどういうものであったかの例として T. Hyde の編集した Bodleian library の目録の序文にかかげられている目録規則をみよう。これは 1674 年出版のものである。

個人著者
　著者名が図書に記載されているときは、姓のもとに記入すること。その著者が数個の名前で知られているときは、そのうちのいずれか一つを採用し、その名のもとにまとめること。統一のため著者が Given name によって知られているときも、姓を用いること。（姓が読者にとって便利ではなくても）

　著者名の記載がないときは、偽名又は頭字を採用する。ただし著者の探索を常に行い、明かになったら参照を作ること。

　翻訳書は、原著者のもとに記入すること。

無著者名図書
　編纂物　利用によって消耗しやすい図書は、Lexica, Concordantia, Jus, Concilia などの語のもとに記入する。

　その他の利用の少ないものは地名又は編者のもとに記入する。

　他の無著者名図書　これは引用されている人名、又は主題のもとに記入する。

以上の規定は、その後における目録法の発展を方向づけたものとして注目すべき価値がある。それは①著者の本名の姓のもとにまとめて記入するという原則をたてたこと。②翻訳書も原著書のもとに記入することとし、原典と訳書を一カ所にまとめたこと。③現代的資料で利用の多いものに形式記入を採用したこと。④地名又は編者記入という例を作ったこと。⑤無著者名図書に主題記入を採用したこと。などの点で、すべてを一つのABC順にまとめたことと共に、近代目録法の二つの指導原理を確立したのである。その1は同じ literary unit に属する図書は単一の見出しのもとに集めること。その2は、目録の統一性を確保することは、読者が特定の図書を検索するときの便宜よりも重視されなければならないこと、である。

　この規則は、中世以来の literary unit の集中という要件を満し、そのかぎりでは検索の便をさらに図ったこと、集書の増大はその総目録の編纂を非常に困難の多いものにすること、などを示していると考えられる。

　ところで、ヨーロッパにおける印刷目録は著者のABC順排列による目録という慣行があり、しかもこれを「著者目録」と呼ばず「総目録（general catalogs）」と呼んでいることは、さきにのべた目録法の第1原理　literary unit の集中を基礎とし、目録作成の経済のために一つの記入でできるだけ多くの目的を果さしめようという意図によるものと考えられるが、これは財産目録としてのそれを排列を工夫することで検索にも役立たせるようにしたと考えることもできる。

　ところが、産業革命の発展とともにいよいよ図書の歴史は「刊本時代」に入り、「庶民的な書物」が、資本主義の成長に支えられた大衆の知識欲の増大と共に急激な増加を示すことになる。こうなってくると、目録の機能はこれまでの literary unit の確認ということから特定図書の検索へ、さらには主題検索へと利用者の要求に応じて変らざるを得なくなる。すくなくとも重点の置きかたが変化する。

この間にあって、目録法は1841年のPanizziの規則、1852年のJewettの規則、1876年のCutterの辞書体目録規則と発展するとともに、一方19世紀後半には主題検索について分類目録か件名目録かの論争が続けられる。こうして目録法は主題記入をまず分離して、その後は特定図書検索目録と主題目録の二つの方向に発展することになった。

　主題目録についてはさておき、特定図書検索目録の方はこれまでの目録法の伝統にたってますます精密な目録規則を作りあげて行き、又原則の単一化も推し進められる。これには総合目録の編纂とか協同目録作業の発展という事情も影響しているわけであるが、これについては後でのべる。こうした方向をたどる一方、検索機能を果すために書名記入、件名記入といった副出記入がとり入れられる。

　副出記入の発生は、その後における目録の発展に大きな影響を及ぼしていると思われる。その分析は困難であるが、J. Petteeは「個別の図書をてっとり早く検索するのに基本記入が不適当な場合の検索目録的機能を副出記入に移譲してしまった。」といって、基本記入は全くliterary unitの集中とその認定という目的にその性格を限定することができたと説明している。

　副出記入は、さきに述べたGeneral Catalogsにおける著書名の参照などがその原形であろうが、蔵書量の増大によってその検索が著者という単一の見出しでは非常に困難になってきたという事情に支えられて発生したものであることは疑いなく、これを規則の上に確立したのはCutterが最初と思われる。これによってさきにあげた近代目録法の二つの指導原理とてっとり早い検索という現実の要求との調和を図ることが可能となったのである。

　さて、一方では書誌サービスの必要が起ってきたため、総合目録の編纂事業が実際に試みられはじめる。この総合目録という考えは15世紀頃からあったものだが、19世紀末にいたってやっと具体化されるのであるが、これは目録法の発展と統一がそれをある程度可

能にした事情もあったと推察される。しかし、又反対に総合目録編纂の必要が目録法の発展と統一に拍車をかける結果になったこともあらそえない。さらにこれと時を同じくして LC の印刷カード配布事業が開始され、協同目録作業の発展をみるなどの事情を背景として ALA と LA（イギリス）の協力になる 1908 年の目録規則が生れたのである。

　総合目録は、その性格と量の厖大さから、必然的に統一された記入規則と一図書一記入の原則を必要とするものであるから、この面からは検索の便、不便よりも（というのは総合目録の検索は必ず図書館員であるはずだから）上記の2項目が要求され、基本記入の確立がのぞまれるわけである。したがってこのような要求に立脚した ALA 規則とそれにもとずく LC 印刷カードの配布は、必ずしもてっとり早い検索という現実の要求にそわない結果をきたしたことも明かである。しかし、そのような点は別としても、一つの制度が普及するにともなって、後でその制度を改めることは非常に困難になって行くのと同様に、LC 印刷カードの普及はその後における目録規則の変更を非常に困難にしたという点も見のがし得ない点だと思われる。このことは、ALA の今度の目録規則改訂方針に「新しい目録規則は、これまでの目録規則の改訂によって生ずる目録変更の量にかかわりなく進められるべきである……」と述べられていることによって明かである。

　以上述べてきたことを要約すれば、目録は次表のように発展してきたこと、その結果として現在の目録法は次のような性格をもっていることがいえる。

　①基本記入とは literary unit を集めるためのものである。
　②現在の目録は、基本記入と副出記入という記入複数制で検索機能を維持している。
　③総合目録又は協同目録作業を前提とした目録法の統一という考えから目録法が成立っている。

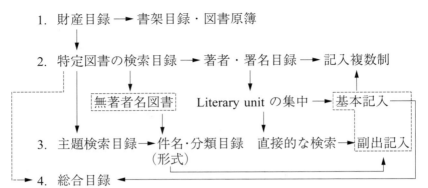

II 現代目録法の構想

　第1部において目録法の歴史的発展を見てきたが、それでは現代の目録法はどうあるべきか。

　これに答えるには、現代の目録に対する要求を正しく把握することがまず必要だと考える。現代が洪水のような文献の増大と主題からのアプローチ、しかも Quick service の要求によって特徴づけられるとすれば、中世以来の目録の指導原理を再検討すべき段階にきているのではないか。

　現在の図書館目録は、なによりも先にまず Finding list でなければならない、と ALA の目録規則の改訂方針は述べている。かつては、literary unit の集中が指導原理の第一にすえられていたが、今後は図書館目録の検索機能とこれを置きかえる必要があろう。現在はすでに目録が literary unit の確認というよりも、直接個々の著作、文献、版に到達するための道具となっている。そこでは literary unit というものが到達される最終目標ではなくて、到達の過程にある一つの目印にすぎなくなっているということが認識されなければならぬ。

　そうなれば、これまで目録の条件と考えられてきた書誌的要素（そのうちには基本記入という概念も含まれる。）をできるだけ取り去り、最少限 Finding list として必要な要素だけに限ることが可能

となる。こうすれば、記述の簡略化、記入数の限定ができるし、著者の本名探索に多くの時間を費すことも不必要になる。そして目録の作成と維持に要する費用を節約できるわけである。

基本記入と副出記入の区別をなくすることは、さきに副出記入が記入複数制の出発点であることを見たので、その発展を理解することはさほど困難ではなかろう。

一方主題目録も、特定図書への主題からのアプローチと、一般的な主題検索に応ずる程度に止めることが適当ではないかと考えられる。その理由としては、カリフォルニア大学で「大学職員の77％が図書館の件名目録を無視しており、彼等は既刊の書誌と彼等自身の労力によって集めたノートにたよっている。」と報告していることに注意されたい。この事情はわが国でもあまり変らないと思う。

以上述べてきたことはもちろん図書館の蔵書の検索目録の場合である。このように図書館目録の簡略化を考える一方、Reference tool としての書誌・書目・索引等の発展に努力する必要がある。これらは図書館目録の不備を補い、書誌サービスを前進させるために特に専門家と図書館員の協力が考えられなければならない。

こうした方向を目録政策の課題として整理すれば、次のようになろう。

1. 図書館の検索目録
   a) 記述の方法　b) 記入の選定　c) 排列法　など
2. 総合目録
   a) 単一記入として何を選ぶか　b) 編成法　c) 運用法　など
3. 専門書誌
   a) 編集の方法　b) 索引法　c) 抄録法　など

図書目録法の研究は、今後この三つの方向に分化して行われなければならない。もちろん私たちの関心の多くは第1にそそがれるであろうけれども。

以上のような考えかたは、これまでの目録法に対する二つの疑問から出発している。その第1はさきに述べた目録法の指導原理の第2「目録の統一性（首尾一貫性）をまもることは、読者が特定の図書を検索するときの便宜よりも重視されなければならぬ。」に対する疑問である。これは中世から近世にかけての時代に書誌として立派な目録（印刷冊子目録）を作りあげようとした学者図書館長たち、及びそれを利用した古典学者たちにこそ意味があったかも知れないが、近代図書館の哲学はそれを受入れないこと、利用者の便宜こそ何にもまして尊重さるべきことを再確認したいと考える。

　第2の疑問は、「目録法の国内的・国際的統一は、個々の館における日々の利用者の便宜よりも重要なのであろうか。」ということであった。これに対しても私は、日々の利用者の便宜こそ目録法の前提であるべきこと、それら利用者の要求の積重ねのなかから、目録法の統一は生れるべきであると云えると思う。

　このような考えは、これまでの目録法をすべて破棄しようなどということではない。受け継ぐべき正しい遺産と、現代に即応して改めるべき部分をはっきり認識するためのものであることを念のためにつけ加えておきたい。

あとがき

　1956年10月の学会で発表した当時、標題は「現代目録法の発展」としてあったものを内容に応じて改めた。第2部が非常に抽象的なものになってしまったが、これは参考文献としてかかげたものによって補ってほしい。なお、この研究をするきっかけとなったのは J. Pettee の論文であることを明記し、その著者及び日本における紹介者鈴木賢祐氏に感謝する。

参考文献

1）J. Pettee : The development of authorship entry and the formulation of authorship rules as found in the Anglo-American Code.（Library Quarterly

     6, p.270-290, 1936.)
2) 同論の訳：著者記入法発展史論、鈴木賢祐訳（研究ⅩⅢ p.1-23, 1940.)
3) ALA 目録規則の改訂方針（図書館界　Vol.7, p.88, 1955.)
4) アメリカにおける目録規則の改訂、ウイリス・ライト著、奥村和子訳（図書館界　Vol.7,（5）p.169-170, 1955.)
5) 森耕一：標目と記述の分離（図書館界　Vol.7,（6）p.195-201, 1955.)
6) 井上裕雄：基本記入の標目（図書館界　Vol.7,（1）p.149-157,（2）p.183-191, 1955.)
7) Markley, A. E.：カリフォルニア大学件名目録の利用状況（J. L. A. インフォメーション・サービス　No.6, p.17-30, 1951.)
8) 石塚栄二：「著者主記入論覚書」に対する疑問（図書館雑誌　Vol.49, No.11, p.8-11, 1955.)

2 NDC の誕生とその成長過程を巡って
― 標準分類法の成立へ ―

『図書館文化史研究』第 24 号（2007. 9）

序

　もり・きよしさんの主な業績と言えば、当然 NDC の編纂である。

　まず、その NDC が生み出された頃の図書館界は、どのような状況であったか。図書管理が、固定排架から分類排架へ、さらに開架式へと変化していく歴史過程のなかに NDC を位置づけることで、その歴史的意義を再確認しておきたい。

　もり・きよしさんの図書館活動への出発の時期から、NDC の成立に至る間、これに影響を与えたものは何だったかを探り、その後の NDC の成長をたどることを試みたい。

　報告は、もりさんの履歴に沿い、主として明治末期から戦後間もなくの時期までを対象とする。つまり、もりさんの誕生（1906 年）から国立国会図書館勤務（当時は帝国図書館、1947 年）に至るまでを中心としたい。

　もりさんが亡くなられてから、もり・きよし氏を偲ぶ会によって『司書 55 年の思い出』（以下、『思い出』と略）という自伝が 1991（平成 3）年 5 月[1]に、また、私立短期大学図書館協議会が機関誌『短期大学図書館研究』12 号（1992 年 7 月）に記念論集[2]を刊行している。本稿は、この資料によるところが大きい。

1.　もり・きよしの図書館活動への出発

　略歴『思い出』収録の自編年譜から抄録し、関係記事を［　］で補記した。

1906（明治 39）年　大阪市に生まれる
1909（明治 42）年　［山口図書館分類表創案］（1919 年　分類表統一案に採択）
1910（明治 43）年　［全国図書館大会で「分類法統一」の議論］
1919（大正　8）年　13 歳　小学校卒業。ローマ字に関心をもつ
1921（大正 10）年　15 歳　桜根孝之進主催の大阪ローマ字運動に参加、間宮不二雄と会う
1922（太正 11）年　16 歳　間宮商店に就職［間宮商店は、図書館用品専業としてこの年に開業］
1925（大正 14）年　20 歳　間宮商店東京駐在員となる。20 回全国図書館大会（1926 年　東京）参加。日本青年館で乙部泉三郎と会う［衛藤利夫『図書分類ノ論理的原則』刊行］
1927（昭和　2）年　21 歳　東京駐在を終え帰阪、間宮商店内の間宮文庫の整理に携わる［青年図書館員聯盟（以下、「青聯」と略）結成］［乙部泉三郎『デュウイ十進分類法の解説及応用指針』刊行］
1928（昭和　3）年　22 歳　『研究』第 1 巻 2 号／3 号に「和洋図書共用十進分類表案」を発表
1929（昭和　4）年　23 歳　『日本十進分類法』初版刊行
1930（昭和　5）年　24 歳　間宮商店を退職・休養
1931（昭和　6）年　25 歳　鳥取県立図書館に就職。NDC2 版刊行［25 回全国図書館大会（金沢）で「分類法統一および NDC 公認」の議論］
1934（昭和　9）年　28 歳　神戸市立図書館へ転職
1935（昭和 10）年　29 歳　NDC3 版刊行
1938（昭和 13）年　32 歳　上海日本近代科学図書館へ転職
1939（昭和 14）年　33 歳　華中鉄道図書館へ転職。NDC4 版刊行
1941（昭和 16）年　35 歳　NDC 編纂の業績で JLA 総裁賞を受賞
1942（昭和 17）年　36 歳　NDC5 版刊行
1946（昭和 21）年　40 歳　帰国。市川市立図書館へ就職
1947（昭和 22）年　41 歳　帝国図書館へ就職（以下省略）

1950（昭和 25）年［NDL 印刷カード頒布開始（集中目録作業の開始）］

2. NDC 成立以前の図書分類法

2.1 日本への DDC の紹介

デューイによる DDC の成立は、1873 年の起源論文に始まり、初版の刊行は 1876 年であるが、その後改訂を重ねて次のように諸版が刊行されている。

　2 版（1885）　3 版（1888）　4 版（1891）　5 版（1894）
　6 版（1899）　7 版（1911）　8 版（1913）　9 版（1915）
　10 版（1919）　11 版（1922）　12 版（1927）　13 版（1932）
　以下略

日本での DDC 紹介は、西村竹間『図書館管理法』（1892 年）が最初であろうが、次いで田中稲城執筆の『図書館管理法』改訂版（1912 年）にも紹介されている。田中氏のアメリカ留学は 1888-1890 年であるから、同氏の紹介は DDC 第 3 版によると考えられる。

2.2 固定排架から分類排架へ

1920 年代までは、大規模図書館では大きさと受入順による固定排架が多く採用されていた。図書管理は出納式であり、出納は函架番号で行われた。

帝国図書館が八門分類という分類表を持ちながら固定排架であったことは広く知られている。太田為三郎が 1907（明治 40）年の論文で分類排架を推奨しているのは分類排架がまだ一般的でなかったことを示している[3]。

また、1903（明治 36）年に再刻された『京都府図書館蔵書目録』第 1 編には函架番号が付されていることから、同館では固定排架が採用されていたことが明らかである。さらに、『山口図書館事業一

覧』(1913年)に「旧書庫の函架に依りて定めたる記号法は(中略)適用し難きものあるを以て新書庫における図書陳列法は総て分類に依れり」(原文カタカナ交じり)とある[4]。大阪府立図書館では、1922(大正11)年に専門図書閲覧部の設置に併せて、それまでの固定排架を改め、独自の十進分類法を制定し蔵書の分類排架を実施した[5]。

　固定排架を前提とするならば、初期の分類法は、目録編成のための分類法であった。DDCでさえ、当初は分類排架を目的としたものではなく、分類目録に適用するためのものであったことを小倉親雄が紹介している[6]。出納式ではあっても、蔵書の増加に伴って出納の効率化が求められ、次第に固定排架から分類排架に移行する。しかも、分類排架は開架式採用の前提条件であるから、アメリカでは1890年代以降開架式の普及に伴って分類法の近代化が進んだ。

　日本でも一部で開架式の採用はあったが、いずれもごく小規模なものであり、本格的な開架式の採用は、関東大震災(1923年)以後に復興された東京市立図書館の一部に過ぎなかったことが知られている(1928年深川図書館、1929年京橋図書館、1930年駿河台図書館)。

　分類排架の区分の精粗は、その図書館の蔵書数に関係する。当時の公共図書館の蔵書数は、次のとおりであった[7]。

年次	図書館数	蔵書数	一館平均蔵書数
1900	43	525,000	12,209
1910	374	2,648,000	7,080
1920	1,670	5,161,000	3,090
1930	4,609	9,635,000	2,090
1935	4,759	11,318,000	2,378

　一館平均蔵書数が年々減少しているのは、小規模図書館の新設増加によるものであり、大規模図書館の蔵書数の増大は反映していない。1936(昭和11)年4月現在の蔵書数を文部省社会教育局の『全国図書館ニ関スル調査』[8]で見ると、1万冊以上の蔵書を持つ図

書館は 180 館であり、総館数 4,609 館の 3.9％ に過ぎない（10 万冊を超える館は 11 館）。当時代表的な公立図書館である東京市立日比谷図書館は 185,259 冊、京都府立図書館は 137,805 冊、大阪府立図書館は 247,632 冊であった。後に述べる山口図書館は 116,943 冊であった。

2.3 日本十進分類法

分類記号には、もっとも簡易で理解しやすいものとして早くから数字が採用された。しかも区分の精度がたかまるに伴い、分類に階層化が要求されることから、必然的に十進法が採用されることになる。

日本で最初の十進分類法とされる京都府立図書館分類法は、湯浅吉郎の創案（1904 年か）とされる[9]。湯浅は 1902-03 年にシカゴ大学に 2 度目の留学をし、図書館学を学んで帰国。1904 年、京都府立図書館長に就任した。

この頃の十進分類法を、宮坂逸郎・河野徳吉の紹介に基づき、本稿〈資料1〉に収録した[10]。ただし後掲の山口図書館のものを除

資料1　初期の十進分類法

	京都府立	長岡市立	和歌山県立	東京市立	静岡県立	千葉県
	1904	1918	1921	1924	1925	1933
000	総記	一般書類	総記	江戸資料	総記	総記
100	哲学・教育	宗教・哲学	宗教・哲学・教育	一般書類	宗教・哲学・教育	宗教・哲学・教育
200	宗教・神話	倫理・教育	文学・語学	宗教・哲学・教育	文学・語学	文学・語学
300	社会・産業	文学・語学	美術・演芸	文学・語学	歴史・地理	芸術・演芸
400	法政・経済	歴史・地誌	法政・経済	美術・運動	政治・法制	歴史・伝記・地理・紀行
500	理学・工学	法制・経済	社会	歴史・地誌	社会・婦人・風俗	政治・法律・経済・軍事
600	医学・衛生	科学	工学・工業	法制・経済	経済・産業	社会・風俗・家庭娯楽・運動
700	美術・工芸	産業一般・農業	産業・交通	理学・医学	理学・工学・医学	理学・数学・医学
800	文学・語学	商工業	歴史・地理	工学・軍事	産業	工学・交通・通信
900	歴史・地理	美術・諸芸	科学	産業・交通	美術・諸芸	産業

き、武居権内『日本図書館学史序説』(1960年)[11]により、千葉県図書館協会のものを追加した。

佐野友三郎によって編成された「山口図書館分類表」(1909年)は、1919(大正8)年、全国府県立図書館長協議会で標準分類法として100区分のみが採択された。この山口図書館分類表を〈資料2〉に掲載した[12]。

資料2　山口図書館分類表（1919年標準分類表として採択された100区分表）

000	総記	300	文学	500	法制	800	美術
010	書目	310	国文学	510	国家学	810	書画
020	事桑	320	国文	520	法律	820	彫刻
030	双書	330	漢文学	530	古代法制	830	蒔絵・漆器
040	随筆	340	欧米文学	540	経済学	840	製版印刷
050	雑誌	350	小説	550	財政学	850	写真
060	新聞紙	360	論説・演説・批評	560	社会学	860	音楽
070	郷土資料	370	語学	570	風俗	870	諸芸・遊戯
080	少年文学	380	国語	580	統計学	880	
090	貴重図書	390	外国語	590		890	
100	哲学	400	歴史	600	理学	900	産業
110	宗教	403	万国史	610	数学	910	農業
120	神書	410	国史	620	数学	920	園芸
130	仏教	420	支那史	630	物理学・化学	930	山林・牧畜
140	基督教	430	亜細亜史	640	星学・地文学	940	水産・漁業
150	論理学	435	亜非利加史	650	博物学	950	蚕業
160	心理学	436	亜米利加史	660	動物学・植物学	960	商業
170	倫理学	440	欧羅巴史	670	地質学	970	交通・通信
180	支那哲学	450	伝記	680	医学	980	工芸
190		460	地誌・紀行	690	医学	990	家政
200	教育	461	万国誌	700	工学		
210	教育学	470	本邦誌	710	土木工学		
220	実地教育	480	外国誌	720	機械工学		
230	普通教育	490		724	電気工学		
240	師範教育			730	建築学・造家学		
250	高等教育			740	採鉱・冶金学		
260	特殊教育			750	造船学		
270	学校衛生・体育			760	航海		
280	社会教育			770	兵事		
290				780	陸軍		
				784	海軍		
				790	古代兵法・武芸		

43

このほか、1925（大正14）年頃の満鉄京城図書館（後の龍山鉄道図書館。朝鮮の鉄道は、当時満鉄に経営委託され「満鉄」を名乗っていた）、神戸市立図書館の分類表（1935年NDC採用以前のもの）が、林靖一により紹介されている[13]。いずれも十進記号をもつ分類法（3-4桁）である。

1933（昭和8）年に、千葉県図書館協会から県内図書館共通のものをめざして提案された『和漢洋図書分類表』は、NDCに次いで公刊されたものであるが、全国的なものにはなりえなかった[14]。

しかし、これらの十進分類法は、「そのほとんど総てが単に記号の十進という外観的模倣にとどまり、知ってか知らずかDewey DCの真髄たる内部的機能は少しも顧みられていない。（中略）謂わば似而非十進分類法であった」（原文のかな表記は表音式カタカナ）[15]という、もりさんの批判が当たっていると云わざるを得ない。

これらを見ると、用語の古めかしさはともかく、NDCと比較するならば、一項目内の再区分に区分原理の異なるものが見られたり、同一主題が2つの項目にまたがっていたりして、論理性に欠ける部分が見られる。このことは、標準分類法としての区分の伸縮性に欠け、やはり一館分類法としての性格が強いことは否めない。NDCの区分の論理性の優位は、明らかである。

しかし、先に示した当時の図書館の蔵書数からみれば、標準分類法として100区分までを共通化するという構想には、当時ではそれなりの理由が成り立ったかもしれない。NDC初版が公表されたとき、「分類が詳しすぎる」という批判があったというが、それは各館の蔵書数と、標準分類法についての理解不足からする意見であったと判断できる。

このような状況から、NDCが公表された時期は、大規模図書館の蔵書の増加に伴って次第に固定排架から分類排架に移行し、十進分類法が普及し始めた時期であり、また区分の精密な分類法が要請される情勢にあったといってよいであろう。

2.4 標準分類法の議論

標準分類法に関する公の場での最初の議論は、1910（明治43）年の第5回全国図書館大会（東京）第1部に「各図書館の分類法統一について」の議題が提案されたときであろう。このとき、第1議題であった目録編纂を五十音順とすることは可決されたが、第2議題の分類法統一は否決された。因みに、この時の部会担当主事は湯浅吉郎であった[16]。

1931（昭和6）年の全国図書館大会（金沢）に「図書分類法の統一とその促進について」と「標準分類法として日本十進分類法を認定するの決議案」の2つの協議題が提案された。この協議題は可決に至らず保留となったが[17]、こうした議論が提起されるようになったことは、標準分類法に対する期待が高まっていたことを示すといえよう。

後者の協議題の提案者である西宮市立図書館長水野銀次郎（青聯理事）は、その提案説明のなかで、標準分類法の備えるべき要件として次の8項目を挙げている[18]。

1. 分類体系が比較的合理的で大図書館にも小図書館にも利用されるものであること
2. できるだけ詳細分類表であること
3. 将来展開に関する撓性を具備すること
4. 分類記号の簡易なること
5. 記号には助記的要素を含んでいること
6. 公刊であること
7. 索引（特に相関索引）の完備
8. 現在に於いて実用されている範囲が広いもの（水野は、1931年8月末現在のNDC採用館は42館と述べている。）

この提示は、ほぼ当時の標準分類法という構想の要件を尽くしているといえよう。

また、水野が説明のなかで「創設される公共図書館の館員が各自独自に分類法の作成に没頭して、図書館本来の目的を遂行する上に

多大なる支障を来たすことは甚だ憂うべきこと」ど述べていることから[19]、当時の標準分類法に対する多くの認識は、まだ図書館間のツールの標準化、各図書館での一館分類表作成の困難さをカバーすることにとどまっていたとみるべきであろう。

後で見るように、標準分類法の普及は、いずれ印刷カード・サービスに代表される集中目録作業に結びつくが、そのことを当時どれだけの人々が理解していたか。集中目録作業が実現するのは1950（昭和25）年の国立国会図書館による印刷カード頒布からであり、その実現には20年ほどの年月が必要であった。

3. NDCの成立に影響したもの

もりさんは『思い出』のなかで、NDCの構想は乙部泉三郎の教示、衛藤利夫の論文からの示唆、間宮文庫の整理に携わった事に基づくと述べている。

3.1　乙部泉三郎（1877-1977）との出会い

『思い出』に、もりさんが乙部と出逢ったのは、東京駐在員時代の1925年、当時日本青年館図書館[20]に同氏が勤務していたときとあるが[21]、この時期は乙部の著書『デュウイ十進分類法の解説及応用指針』（1927年）の刊行に先立つ1、2年前にあたるから、乙部は自らの研究を、もりさんに熱心に語ったことと思われる。

ちなみに乙部は、1922（大正11）年に満鉄奉天図書館に勤務していて、当時の衛藤館長の研修での講義を受けたことと思われる。同氏は、1926（大正15）年満州から帰国。日本青年館図書課に勤務後、1929（昭和4）年に長野県立図書館に転出した（後に館長に就任）。叶沢清介の追悼文がある[22]。

3.2　衛藤利夫（1883-1953）の研究

衛藤の著書『図書分類ノ論理的原則』（図書館研究叢書2）（1925年）は、同氏が満鉄奉天図書館で行った職員研修の記録と考えられ

るもの。この著作のなかで Dewey の分類法を紹介し、特にその記号法について「第三章図書記号ノ組合セ」（図書記号とあるが、内容は分類記号のこと）で「共通区分」（助記性）を詳しく述べ、その論理的構造を評価している。もりさんは、NDC の作成にあたって衛藤の同書を参考にしたと思われる。

　衛藤は、東京帝国大学図書館司書から 1919（大正 8）年に当時の満洲に渡り、満鉄大連図書館、満鉄奉天図書館に勤め、1940（昭和 15）年に帰国。戦後 JLA 理事長を務めた。乙部とはうまがあわなかったといわれる。

3.3　間宮不二雄（1890-1970）による先行研究と間宮文庫

　間宮は、早くから図書館用品の規格化を強く訴え、その一環として分類法の標準化を提唱している[23]。

　もりさんは「間宮さんの考えは、図書館の刷新はまず整理の合理化、すなわち諸基準を確立することであるとし、それらの制定を俟って全国印刷カードの作成・頒布することを事業の目標においていた」と述べている[24]。おそらく、間宮はアメリカで LC と並んで Wilson 社が印刷カードを作成していたことを想定していたのだろう。

　この考えに沿って、青聯結成（1927 年）後、DDC にならった分類表の作成を意図して、もりさんに試案の公表を勧めた。自らも、NDC 初版の刊行後になるが、DDC I 2 版の序説を『Dewey 十進分類法導言』（1930 年）として翻訳刊行している。

　間宮文庫は、間宮が仕事の一環として収集し、図書館関係者に公開・貸出していた図書館関係書のコレクション（2,500 冊、主として英書）であるが、1945（昭和 20）年に戦災により焼失した。現在富山県立図書館にある間宮文庫は、戦後の収集によるものである。

　もりさんが整理を担当した間宮文庫（1927 年以降）には、DDC 12 版（4 桁）を採用したというが、その文庫の収蔵内容は『図書館

学及書誌学関係文献合同目録』(1938年)[25]により推定することができる。この目録は、1935(昭和10)年末現在の23館の総合目録(間宮文庫を含む)であるが、その分類はDDCではなくNDC3版となっている。この目録によれば、間宮文庫にはDDCの5版から13版までが所蔵されていた。

4. NDCの誕生と成長

NDCの草案というべき「和洋図書共用十進分類表案」[26]は、1922(大正11)年にもりさんの個人蔵書「みどり文康」を整理するために作成した15項目の分類表を、乙部や衛藤の教示によって修正した十進法の私案を基にしたと、もりさんは述べている[27]。間宮に勧められて発表したのが、この最初の論文である。

初版の「はしがき」に「本書の出現価値はDCを真に応用するなれば、斯如きものであると云ふ程度を示したもので、決してこれが我が国の標準分類法として最適当のものだなどとは考えない、がしかし、これによって混沌とせる我が国現下の図書分類法に一つの標準体系が出来る導火線たるを得るなれば、私の光栄は足れりとする」(原文のかな表記は表音式カタカナ)とある。控え目の表現であるが、この文章から、NDCは最初から標準分類法になることをめざしていたことが読み取れる。

間宮は、発表当初からNDCを強く支持し、その改訂・増補に協力した。もりさんが間宮商店に勤務していたのは、1922(大正11)年から1930(昭和5)年までの8年間に過ぎないが、NDCの改訂・刊行[28]を通じて一貫してもりさんを支援し、その発展に貢献した。NDCの本当の育ての親である。

4.1 NDCの普及

NDC2版の序説では、採用館は25館と述べているが、先に挙げたように1931(昭和6)年8月末時点で42館という水野銀次郎の証言もある。早い時期での主要なNDC採用館を挙げれば、青森県

立（1928 年設立）、鳥取県立（1929 年設立）、天理図書館（1930 年開館）、函館市立（1909 年設立、1926 年市立へ移管）、徳島県立（1916 年設立、1930 年（？）坂本章三館長により分類変更）などであるが[29]、これらは徳島県立の場合を除き、いずれも、図書館の新設か設置主体の変更に伴っての整理ツール制定によるものである。

徳島県立の NDC 採用にあたっては、坂本館長が同館職員多田光を図書館講習所に派遣・入所させ、学習させたことが注目される[30]。

神戸市立図書館の NDC 採用は、同館司書神波武夫の意見によるとされるが、実施は、もりさんが神戸市立に転職した翌年、1934（昭和 9）年である。先に述べたように、1931（昭和 6）年の全国図書館大会で「NDC を標準分類表として認定する案」が議論されたが、その提案は否決された。その代わりに、標準分類表の調査委員会を設置することが議決されたと、もりさんは『思い出』で述べているが[31]、これは協議題としてもう一つあった「図書分類法の統一とその促進について」との関連で委員会設置が決められたと理解すべきであろう。

4.2　青年図書館員聯盟と NDC

青聯は 1927（昭和 2）年 11 月に結成され、間宮の強力なリーダーシップのもとに華々しい活動を続けたことはよく知られている（会員数は 1928 年 166 人、1942 年解散時 369 人）[32]。青聯は 1934（昭和 9）年に NDC を公認した。

この公認に先立ち、青聯は 1933（昭和 8）年 10 月に、もりさんの改訂作業を援助し、NDC 採用館の相談にあたることを目的として、NDC 研究委員会を設けた。委員は下記の 9 人の図書館員であった。

堀口貞子（西宮市立のち和歌山高商）、神波武夫（神戸市立）、加藤宗厚（帝国図書館）、目黒加一（京大農学部図書室）、村上清造（富山薬専）、岡田健蔵（函館市立）、仙田正雄（天理図書館）、多田

光（徳島県立）、森清（鳥取県立）（勤務先は当時のもの）[33]。

『青年図書館員聯盟会報』6年5号（1933年10月）には、佐藤勝雄（青森県立）、横井時重（大阪府立）の名も挙がっているが、両氏は委員就任を辞退したのか、あるいは中途辞任したのであろうか。幹事は仙田正雄。委員の所属館からみて、NDC採用館と青聯会員中の分類法研究者で構成されていることが知られる。同委員会は、NDC 3版の改訂に協力して1937（昭和12）年1月まで存続した。3版の編集には、この委員会の協力が大きかった。

なお、丸山昭二郎編『主題情報へのアプローチ』に、NDCは「[第3版（1935年）]以後、1942（昭和17）年に刊行された第5版まで同委員会によって維持管理」されたとある[34]のは、正確ではない。

また、この委員会の委員ではなかったが、機関誌『圕研究』誌上その他でNDC支持を強く主張した鈴木賢祐（和歌山高商図書館）も、設立当初からの青聯会員である[35]。

4.3 加藤宗厚とNDC

NDCを育ててきた最大の功労者は間宮であろうが、これを実質的な標準分類法にまで高めたのは加藤宗厚である。

NDCが標準分類表としての地位を確立したのは戦後のことであり、その功績は大きく加藤の働きによるが（これについては鮎沢修の論稿に詳しい[36]）、それは私の報告の範囲を超える。戦前のNDCと加藤の関わりは、加藤が帝国図書館勤務のかたわら、1928（昭和3）年図書館講習所の分類法講師を委嘱され、翌年にNDC刊行されたので、さっそくこれを教材に採用したこと。また、NDC初版刊行の翌1930年に刊行した『日本件名標目表』にNDC記号を付記したのも、これを高く評価したからといえよう。当時『図書館雑誌』に毎号掲載されていた「選定図書目録」にNDC記号が付記されるようになったのは、加藤が同誌の編集委員（1930-40年）になってからである。これもNDCの普及に貢献しているであろう[37]。

しかし、もりさんが『思い出』で加藤宗厚を「NDC 育ての親」というのは、主に戦後の加藤の貢献を指しているというべきであろう。

4.4 NDC の歴史的意義

　図書管理が固定排架から分類排架へ移行し、それに伴い、各地で一館分類表が制定されるが、いずれもが自館の蔵書の偏りに影響されて、他の図書館との共通採用を意図するものではなかった。そうしたなかで、間宮が図書館用品の規格化と整理技術の標準化を推し進め、整理技術の標準ツールの策定をめざしたことは、日本の図書館近代化に大きく貢献した。NDC は、その一環として出された日本で最初の近代的分類法であったといえよう。

　NDC の特徴として、当初から標準分類法となることを目標としていたこと。分類表の区分の展開に論理性を導入して、区分の伸縮が可能な柔軟な構造を採用したこと。こうした構造を支える記号法として十進記号を採用し、DDC に学んで記号の助記性を広範囲に導入したことが挙げられよう。当時、もりさんは特定の図書館に所属してはいなかったので、個別図書館の蔵書の偏りに拘束されることなく、論理性を貫くことが出来たことが、これに寄与していよう。

　標準分類法の普及は、間宮が目標としたように、その先に集中目録作業（集中整理作業というべきか）の成立を想定できる。1950（昭和 25）年の国立国会図書館の印刷カード配布開始によってこの目標が実現したが、こうした戦後の集中目録作業の実現は、分類の分野については NDC の普及があってこそ可能になったといえる。

　戦後になって、NDC は、国立国会図書館の NDC 採用、学校図書館への急速な普及などにより、ようやく当初の目標であった標準分類法となることが実現した。それは先述のように加藤の努力に負うところが大きい。

　そうした意味では、現在の NDC の姿は、もりさん・間宮・加藤

の三氏の協同作業によって、その基盤が成り立っているということができよう。無論、その基礎を創りだしたもりさんの業績は高く評価されるべきである。

4.5　情報検索のツールとしての NDC

DDC の発展のなかで生まれた UDC が、情報検索のツールとして使用されていることから、分類表に情報検索の機能を期待する向きがあるが、それはそれとして、もりさんの意図した NDC は、その成立時点が分類排架の普及段階にあったという歴史的事情からみて、当初から書架分類のための分類表であることを目標としていた。情報検索のツールとしての分類法は、NDC とは別個に考えられるべきものだと、少なくとも、もりさんは考えていたと推定される。

5.　もり・きよしの NOC 改変構想

もりさんは、NDC に満足しきっていたわけではない。分類法に関するご自身の研究の深化、および実務の経験を踏まえて、NDC を大幅に改変するか、あるいは NDC とは異なる分類体系を構想したい希望をもっていたことが窺える。鮎沢修の「NDC ともり・きよし先生」[38]ほかによれば、戦前には間宮がこれを抑制し、戦後には加藤が標準分類法普及の立場からこれに反対したという。

しかし、NDC において、早くも 3 版には児童用 NDC が付載され、4 版・5 版にはさらに小図書館向け NDC が追加され、戦後の 7 版には社会科学部門と流通部門の統合案が提示されるなど、限られた範囲での、もりさんの実用的配慮の片鱗をみることができる。

また、国立国会図書館が採用する分類法に関する懇談会（1948 年 6 月 24 日）において、もりさんは個人的見解として、次のように提案したという[39]。

(1) 和漢洋三本立て
(2) 十進記号法が望ましい

(3) 洋書は DDC でもよいが、和書は新表を作るべき
(4) 漢籍は四庫分類に準じる

　初版以来、和漢洋共用分類表という基本原則を掲げてきた NDC とは異なる見解を表明したわけである。これは、上海赴任に伴う中国図書館界の見聞と実務経験に基く、もりさんの実務的思考の反映とみるべきであろうか。

　石山洋「日本十進分類法の将来」[40]によれば、もりさんは1950（昭和25）年頃に NDC とは異なる100進法の分類法を構想していた（『思い出』にいう Bliss 体系の案のことか[41]、それともこれとは異なる案なのか）という。これは、当時の分類委員長であった加藤宗厚の反対で公表できなかったというが、こうしたエピソードは、もりさんの一つのところにとどまっていない思考の柔軟性を示すものといえよう。

　標準分類法の普及は全国的な整理作業分野での効率化を促進する一方、整理体系の固定化を誘導する。もりさんはこの限界を感じていたと考える。

　1967（昭和42）年に完成した NDLC（National Diet Library Classification：国立国会図書館分類表）は LC 方式の分類表であるが、これは体系・記号法の両面において同館の一館分類表としての性格をもち、NDC に代わる標準分類法とはなりえないのではなかろうか。

　NDC が主類の排列順序の典拠とした EC（展開分類法）は1879年の成立であるから、いずれ、知識体系の組み替えが進行するに伴い、新たな分類体系が期待される日がくるであろう。そのとき、もしもりさんがご存命ならば、どのような見解を表明されるであろうか。

注
1）『司書55年の思い出』もり・きよし著，もり・きよし氏を偲ぶ会，1991.
2）『短期大学図書館研究』12号，1992，私立大学短期大学図書館協議会

編，紀伊國屋書店『特集：もり・きよし先生記念論集』，この論集に関係論文として次の4編が収録されている。
芦谷清「学校図書館とNDC」
鮎澤修「NDCともり・きよし先生」
石塚栄二「NDCの変遷過程」
石山洋「日本十進分類法の将来」

3) 太田為三郎「図書館における図書の整頓法について」『図書館雑誌』1号，1907.
4) 宮坂逸郎・河野徳吉『資料の分類』（日本図書館学講座2）雄山閣出版，1978, p.71.5)『中之島百年：大阪府立図書館のあゆみ』大阪府立図書館百年記念事業実行委員会，2000, p.100.
5) 小倉親雄「メルビル・デュイの「起源論文」について」『アメリカ図書館思想の研究』日本図書館協会，1977, p.178, 201.
6) 小川徹・山口源治郎『図書館史：近代日本編』（新編　図書館学教育資料集成7）教育史料出版会，1998, p.210-211.
7) 文部省社会教育局『昭和十一年四月現在全国図書館ニ関スル調査』1936. 以下，文中の各館の所蔵数（1936年現在）は，この資料による。
8) 井上裕雄「湯浅吉郎研究ノート」『図書館界』21巻2号，1969, p.57-59., 藤田善一「湯浅吉郎と京都図書館分類表」『同志社大学図書館学年報』13号，1978, p.13-24.
9) 前掲注4) p.72.
10) 武居権内「日本図書館学史序説」早川図書，1960, p.264.
11) 加藤宗厚『図書分類法要説』改訂版，日本図書館協会，1950, p.168.
12) 林靖一『図書の整理と利用法：學校－曾社－官廳－圖書館』大阪屋書店，1925, p.498-531.
13) 千葉県図書館協会『和漢洋図書分類表』宝文堂，1933.
14) NDC（初版）導言，p.15.
15) 同上
16) 樋口龍太郎稿『日本図書館協会五十年史』（日本図書館協会百年史・資料4）日本図書館協会，1989, p.25.
17) 日本図書館協会編『近代日本図書館の歩み』本編，1993, p.644, 同上，p.104. 18)『青年図書館員聯盟会報』4年6号，1931. 10.
18) 日本青年館図書室は，前掲注8) によれば，財団法人青山会館図書館

となっている。法人名と通称の違いか。
19) 前掲注1) p.8.
20) 叶沢清介「乙部泉三郎長野の図書館の歴史を切り拓いた人」『図書館雑誌』77巻7号，1983, p.427-428.
21) 間宮不二雄『見出しカードの話・分類法』(圕研究1輯2巻)，1924.
22) もり・きよし「外から図書館を愛した人・間宮不二雄」『図書館を育てた人々・日本編1』日本図書館協会，1983, p.131-138.
23) 天野敬太郎・加藤宗厚・間宮不二雄共編『図書館学及書誌学関係文献合同目録』青年図書館員聯盟，1938.
24) もり・きよし「和洋図書十進分類表案」『圕研究』1巻2/3号，1928.
25) 前掲注1) p.12.
26) 同上
27) 同上
28) NDC諸版の発行年と部数は次のとおりであった。
初版（1929年）350部　2版（1931年）500部　3版（1935年）500部　4版（1939年）600部　5版（1942年）800部
29) 前掲注18)
30) 日本図書館協会編『近代日本図書館の歩み』地方編，1993．徳島県の項（藤丸昭執筆）p.648.
31) 前掲注1) p.12.
32) 同上，p.13.
33) 『青年図書館員聯盟会報』6年5号，1933．10.
34) 丸山昭二郎編『主題情報へのアプローチ』（講座図書館の理論と実際4）1990, p.72.
35) 鈴木賢祐「日本十進分類法の立場」『圕研究』2巻4号，1929 同「標準分類法はありうる，ある」『図書館雑誌』24巻8号，1930．ほか．
36) 前掲注2) 所収鮎澤論文 p.9.
37) 加藤宗厚「NDCその生い立ちと戦前までのこと」『図書館雑誌』53巻9号，1959.
38) 前掲注2) 所収鮎澤論文 p.9. 同石山論文 p.19.
39) 前掲注1) p.29．国立国会図書館『国立国会図書館三十年史』資料編，1980, p.94-95.
40) 前掲注2) 所収石山論文 p.19-24.
41) 前掲注1) p.22.

3 利用者研究を発展させるために

『図書館界』40巻5号（1989.1）

1. 利用者研究とはなにか

　図書館を構成する基本要素として利用者の在存が重視されながら、わが国においてはこれまでその理論的・実証的研究がそれほど真剣にとりあげられてこなかったといえるのではないか。その理由としては、さまざまなことが指摘できよう。

　第一に、図書館自体の充実が十分でなく、まず最低限の顕在的利用者の要求に応え得る態勢を整備することが先決であると考えられてきたこと。

　第二に、図書館の利用者は個別的な要求をもって図書館を利用するのであって、その要求を実践の中で正確に把握することこそが重要であり、把握するための技術は必要であっても、それらをグループ化して捉えることは日常のサービス活動にとって必ずしも必要ではないと意識されていたこと。

　第三には、利用者の把握はカウンターで利用者と応対する担当者の個人的資質や意識の問題であって、理論的研究にはなじまないとする考え。

　第四には、図書館学における社会科学的な研究方法が未成熟であり、多くの事実から理論を抽象する学問的操作に習熟していなかったこと。

　第五に、図書館学の研究態勢が貧弱なため、利用者の全体像を把握する大規模な調査を実施することが困難であったこと。・・・などがあげられよう。

　しかし現職で得られた個人的経験はそのままでは他人に伝えることは困難であり、図書館サービスのより一層の進展のためには計画

化が欠かせないことはすでに明らかになっている。図書館サービスの計画をたてる基礎資料としての、利用者もますます重要になることはいうまでもないし、図書館員の養成には利用者論の教育が必須であろう。利用者研究の構築が、緊急の課題となっているゆえんである。

　杉村優氏は、H. Menzel の定義をひいて利用者研究とは「科学者や技術者の専門的活動における彼等の科学コミュニケーションに関する経験的研究である」とするが[1]、この定義は欧米におけるこの分野の研究動向に捉われたものと思われる。

　利用者研究とは、渋谷嘉彦氏が述べるように、利用者の要求と行動を調査研究することである。したがって、その課題は、利用者の属性を正確に把握し、どのような属性をもつ利用者はどのような読書・情報要求をもっているか、利用者はその要求を満たすためどのような行動をとるかを明らかにしようというものである[2]。

　このような利用者研究の捉え方には、渋谷氏も指摘するように次のような反論が予想される。「我々が必要としているものはより以上の統計データではなく、我々がすでにその存在を知っている問題を解くための知恵である。」として、利用者研究はサービスの改善には直接に役立たないとする意見である[3]。しかし、利用者研究は、サービス改善のためであるよりも、利用者をより正確に理解するための手段なのである。そうした理解のうえに、サービスの改善を進めていくことが現在求められているのであり、利用者研究の構築とはそうした社会科学的研究の促進を意味していると理解すべきである。

2. これまでの利用者研究

　日本図書館学会は『論集6　図書館利用者調査の方法と問題点』でこれまでの利用者調査の成果と研究の到達点を展望している[4]。そこでは、同書の編集方針にそって、一部の論文を除いては利用者の数量的把握、統計的処理に力点がおかれている。それは、素材収

集活動であり、研究の出発点であるが、利用者研究の全てではない。

　もちろん、調査にはその前提としてなんのために何を把握するかという問題意識が存在しており、その問題意識の設定、それにもとづく調査の設計にあたってさまざまな検討がなされているはずで、その過程は利用者研究そのものにほかならない。しかし、ひとつの調査で利用者の全体像を捉えることのできるはずはなく、そこでは何を取り上げ、何を切り捨てるかという選択が行われる。

　その選択を明確に意識して、他の調査と総合して全体像を把握しようとする方向が認識されているかどうかが、単なる調査活動に終わるか利用者研究の出発点になるかの分かれ目である。

　だからといって、多くの人々の多大な努力によって行われている調査活動を矮小化しようといっているのではない。それらは、利用者研究に貴重な材料を提供してくれているのであり、また、図書館経営改善や施設計画、新たな技術の開発に大きく役立っていることは、たかく評価されるものである。ただし、それが利用者研究の全てであると錯覚しないよう注意を促しているにすぎないことを理解していただきたい。

　三田図書館・情報学会に属する人々は、これまで利用者研究を熱心に積み重ねてきたが、ごく一部の成果を除けば、研究者の情報要求・情報入手行動の面に研究の力点がおかれてきたように見受けられる。その多くは図書館利用者の研究というよりも、情報科学における User study ともいうべきものである。こうした傾向は、英米における最近の利用者研究の反映でもあるとみるべきかもしれない。また研究者の主体的条件の面からみれば、研究態勢・研究費の確保の困難さから、大規模な社会調査を実施しそれを素材に研究を進めるといった条件に恵まれず、やむをえず研究者の周囲の問題に関心をしぼらざるをえないといった事情もあろう。こうした情報科学分野の User study からも図書館学分野の利用者研究は多くのものを学ぶことができるが、研究の発展という観点からすれば、その

関心のより一層の拡大が期待される。

　図書館建築の研究者たちは、建築計画のデータ収集のため各地で利用者調査を実施し多くの成果をあげてきた。その成果は、建築計画に利用されるにとどまらず図書館サービスの改善・発展の基礎資料としてひろく利用されている。しかし、その調査目的からして、利用者の地域的、ひろがり、年齢階層の構成、利用者の行動の一部などが明らかになったにとどまり、利用者の全体像把握の観点からすれば部分的であるといわざるをえないであろう。とはいえ、この分野の研究が図書館学研究者の手によってではなく、建築学研究者によって開拓されたことは、今後の利用者研究の進め方を考えるうえで示唆的である。

　大阪大学人間科学部社会教育論講座の研究者たちは、茨木市・吹田市・松原市などにおいて地元自治体の協力をえて規模の大きい調査を実施し、その成果を報告している。この調査は社会教育計画の実証的研究のために行なわれたもので、前記の建築学者の調査とは問題意識も調査範囲も異なる。それが『中小都市における公共図書館の運営』、『市民の図書館』などの図書館界の成果をふまえているとはいえ、社会教育分野の調査活動の蓄積を生かして、地域社会と図書館利用者の関係などに分析を及ぼしている点など、新しい研究分野を提示している。

　図書館学分野においても、利用者調査とその分析は各方面で試みられ、その成果も公表されている。1980年までのものは田村俊作・上田修一両氏の「公共図書館の利用者像」にまとめられた。同論文によれば、32例の調査のうち20例は来館者・利用者を対象としたものである。

　図書館学調査研究グループの調査活動もほぼ同様なものといえよう。それらは、図書館サービスの改善・現状把捉には貴重な資料を提供するものの、利用者像の把握といった目的のためには必ずしも十分とはいえないであろう。

　以上おおざっぱであるが、これまでの各分野での調査を展望して

きた。それらから貴重なデータは得られても利用者研究という問題意識自体はまだ未確立であるという印象がつよい。

3. 利用者研究の課題

さきにあげた田村・上田両氏の論文では、Berelson, B.: The library's public. 1949 の公共図書館利用者像を次のように紹介している。

図書館利用者は、年齢が低くなるにつれ、また学歴が高くなるにつれ、都市の規模が小さくなるにつれ図書館からの距離が小さくなるにつれ増加する。女性のほうが男性より、独身のほうが既婚者より、白人のほうが黒人より、都市部のほうが農村部より利用が多い。図書館の利用は"中産階級"（職業および収入により定義される）が多数をしめる。また、ラジオ以外の他のメディアもよく使う"コミュニケーション・エリート"であることが多い。間接的で断片的な証拠からであるが、図書館利用者はオピニオン・リーダーとして地域社会において積極的な役割を果している。成人の図書館利用に影響を与えるもっとも大きなファクターは学歴である。貸し出しとレファレンス・サービスでは利用者層が異なり、前者では主婦やホワイト・カラーが多く、後者は男性で高学歴の専門家や学生が多い。

この古典的利用者像は、アメリカとは社会条件を異にし、社会変化も著しい現在のわが国の図書館利用者にそのままあてはまるであろうか。あてはまる部分もあれば、差異のある部分もあるというのが現職の職員の率直な実感ではなかろうか。その実感を単なる実感にとどめず実証的に確かめようというのが、利用者研究の課題なのである。

さらに、より詳しく利用者の特徴を分析し、その行動、つまり読書や情報要求の傾向を把握することがこの研究の最大の目的でなければなるまい。

そうした研究のためには調査が不可欠であるが、調査の方法がま

だ確立しているとはいいがたい。個々の図書館のサービス改善に役立てるデータの収集を目的とするのならばとにかく、利用者像の把握という目的のための調査は、各地で時期を異にして個別に行われた調査の結果が比較・総合されなければ意味をもたないのであって、そのためには統一した調査の積み重ねが必要である。

　利用者研究で第一に明らかにしなければならないのは利用者の属性であるが、どのような属性が図書館利用にもっとも関連性高いかについてもまだ統一した見解が示されていないのではないだろうか。

　フランスの社会学者や清水英夫氏、箕輪成男氏らの読書社会学的研究によって、読書には学歴が大きなファクターになることが明らかにされているが、それが直接的に関連するのか、職業や収入といった関節項を媒介にして関連するのかは、まだ明らかでない。

　田村・上田氏の調査は利用者の属性を比較的詳しく調べているが、性別、年齢、学歴、仕事、職業、住所、通勤・通学先、他の図書館の利用経験などをとりあげ、それらの属性と利用目的、利用資料、利用行の相関を検討している。しかし、属性相互の関係は分析されていないし、来館者を対象とした調査であるため、利用者の析出母体との比較にはいたっていない。この調査は東京都市部の4館を対象としたもので、社会条件を異にする他の地域との比較はされていない。

　そうした点では、寄藤昴氏の調査は、対象地域がひろく、調査内容が利用者研究の観点からすれば不充分とはいえ、来館者を対象としたものではないだけに利用者の析出母体との比較が明らかである。なお、この調査の報告では学歴と職業がもっともたかい相関を示すとしている。

　松原市の調査は、その点行き届いている。属性を性別、年齢、就業状況、学歴、居住年数にしぼっているが、実際の利用者と市民全体の属性を対比して図書館利用者の特性を明らかにしている。しか

し、利用行動や読書・情報要求の具体像の面では、調査項目、分析が不充分といわなければなるまい。

このようにすぐれた調査がいくつか報告されてはいるが、それらを総合してわが国の現在の利用者像を具体的に描き出すにはまだ充分ではない。

これまでの調査は、ほとんど数量的把握を目的とする悉皆調査かサンプリング調査であった。調査表留置による行動記録や、自己観察紀録などのケース・スタディなどの方法が報告されている例はほとんどない。しかし、読書・情報行動のような個人において継続的に行われる行動に関する研究においては、数量的調査と並行してそうしたケース・スタディも取り入れられるべきではないか。

調査が個人のプライバシーに関わるので慎重に扱われる必要があるが、ひとりの人物の読書・情報行動のひろがりや発展過程を把握するためには、こうした方法しかあるまい。糸賀雅児氏は、「これまで扱ってきた利用調査は、基本的に行動科学的な視点にたって、利用者の行動を科学的に把握し説明することに力を注いできたといってよいだろう。」と述べ、「こうした枠組みでは、図書館側も利用者側も現在のサービスや条件に拘束されていて、真の要求やニーズと呼ばれるものは表われにくいし、満足度の把握も皮相的なものにならざるを得ない。」と疑問を表明している。同氏は「現象学的なアプローチや認知論的なアプローチに期待」するというが[4]、それは個別の読書・情報行動を、表面に表われる行動のみでなく総体的に把握することにより、より利用者像を鮮明に捉えたいという願望と理解すべきではないか。

そうした事実の把握は図書館サービスには関係ないと考える人もあろうが、図書館の蔵書構成や異館種間の協力関係を考えるうえでは重要である。これまでの調査でも、学歴や職業と複数図書館の利用の相関が明らかになっている。

4. 利用者研究の進め方

　これまでのべできたような利用者研究を進めて行くのは、大規模な社会調査を前提にしていて、とても個々の図書館や研究者の手にあまるという印象をつよくされたかもしれない。

　しかし、個別に行われる小規模の調査であっても、調査計画の段階で先行調査を十分検討し、明確な問題意識のもとに計画し実施するならば、他の調査との比較・検討が容易であり、そうした積み重ねによってより鮮明な利用者像に近づくことができるはずである。

　調査の結果得られたデータは、単純集計ではなくクロス集計を行うことで、より詳しい観察に耐えるデータが得られるし、そうした数量的処理はコンピュータの活用によって容易になっている。

　これまで図書館関係者の行った調査は、他の機関や個人の行った調査結果を利用し参照することがすくなかったのではないか。利用者の析出母体である地域社会や、同一分野の全国的傾向などについては、すでに公表されている多くのデータがある。それらを参照し、対比することで、より調査対象の特性を明確にすることができるはずである。そうした、調査結果の客観化の努力がなされなければ、全体としての利用者研究の進展は期しがたい。

　また、日常の利用者との応対記録は、その集積を再構成するといった手法を工夫することで、前節でのべたケース・スタディの材料として生かすこともできる。

　いま、必要なのは、そうした調査方法の標準的方式を考案し普及させることと、これまでの調査の成果を誰でも利用できるよう整理し、データベースとして蓄積することではなかろうか。関心をもつ人々の協力を期待したい。

　もちろん、利用者を知ることは図書館員の義務である。研究者に限らず、それぞれの立場において、さまざまな方法を駆使して、利用者とその要求・行動を具体的に把握し、それを日々のサービスに役立てるべきことはいうまでもない。そうした実践が数多く記録さ

れ、公表されることがのぞましい。それらは利用者研究に新しい資料と示唆を与えてくれる。利用者研究は、研究者と現場の図書館員の共同作業によってのみ前進するものであることを、お互いに確認したいものである。

あとがき

　特集号のテーマをきめる編集会議で、「利用者研究」をテーマとして推薦したばかりに、私のところに問題提起の序論執筆の責任がまわってきた。この分野の研究の必要性を痛感しながらも、自分の手にあまる大きな課題であると放置してきた罰であろうか。

　時間と能力、資料に制約され、舌足らずの不本意のものになってしまったが、若い人々に関心を持っていただくきっかけになれば望外の幸いである。

注

1) 『図書館情報学ハンドブック』丸善　1988　p.707
2) 渋谷嘉彦「利用者研究の方法と情報利用における必要性の概念について」『図書館短期大学紀要』10(1975) p.101-2
3) 同上　p.102
4) 日本図書学会研究委員会『図書館利用者調査の方法と問題点』日外アソシエーツ　1986. 糸賀雅児氏のほか7人の筆者による論文が収録されている.
5) 同学会の機関紙『Library and Information Science』に関係論文が数多く掲載されている.
6) 栗原嘉一郎氏はじめ建築学者の研究が、図書館界・建築学会に多数発表されている.
7) 大阪大学人間学部社会教育論講座『ニュータウンの中の図書館』1982 同講座『松原の市民図書館』日本図書館研究会　1984〔ほか〕
8) 田村俊作・上田修一「公共図書館の利用者像」『Library and Information Science』18(1980) p.123-40
9) 森耕一ほか「市立図書館の利用に関する調査」『現代の図書館』20(2) 1982〔ほか〕

10) 読書調査研究グループ「中学生読書調査からみた公共図書館ヤングアダルトコーナーの問題点」『図書館界』34(3) 1982〔ほか〕
11) 前掲文献 8) p.124
12) 清水英夫『現代出版学』竹内書店 1972 p.46-49
13) 箕輪成男『消費としての出版』弓立社 1983 p.65-68 このほか，ピーター・H. マン『本の本』研究社 1987 p.163-190 に，イギリスの調査例が報告されている．
14) 前掲文献 8) および田村俊作・上田修一「公共図書館利用者の利用行動」『Library and Informatio Science』19（1981）p.99-115
15) 寄藤昂「市民の読書行動と図書館利用に関する研究」『図書館学会年報』28(2) 1982 p.79-87
16) 前掲文献 7) の後者
17) 糸賀雅児「図書館利用者調査の方法と問題点」前掲文献 4) に収録 p.33-34

4 図書館協議会を
住民参加の場とするために

『みんなの図書館』no.88（1984.9）

なぜ今図書館協議会に目を向けるのか。その制度的問題、委員の選び方の問題にふれながら、その活性化のみちを述べる。

1. はじめに

　私は、現在四つの都市の図書館協議会に関係を持っている。ひとつは住民としての参加であるが、他の三つは学識経験者としての参加である。

　あまり熱心な委員とはいえないが、図書館の発展にすこしでも役立つことができればと、多忙な本務をやりくりしながらできるだけ会議に出席している。それは、図書館協議会は公立図書館に直接住民の意志を反映させることのできる公的に保障された機関として唯一のものと考えているからである。

　公立図書館は地方自治体が設置した施設として、地方議会議員、首長という選挙によって住民から選出された代表者によって基本的な方向が定められ、直接的にはこれらによって選任された委員で構成される教育委員会によって管理される。従って、住民の意志はこれらを通じて反映されることはいうまでもない。

　最近、各地で議会において図書館の具体的な運営について質問が出ることが多くなり、日常的な業務の分野にも議員の意見が表明されるようになってきたが、しかし直接図書館運営の当事者に意見を表明する場としては、利用者が参加することのできる専門機関としての協議会がその役割を果すべきであろう。

　日本図書館協会においても、こうした協議会の意義を認めたのか

84年度の全国図書館調査の付帯調査として協議会を取上げている。これがまとまれば、協議会の全国的なすう勢をとらえることができ、住民参加の具体的あり方を論議する有力な手がかりを提供してくれるものと期待している。以前から、この制度の活用を主張してきた者として、たいへん喜ばしいことである。

2. 図書館協議会の制度上の位置づけ

　協議会は、いうまでもなく図書館法第14条によって設置が規定され、「図書館の運営に関し館長の諮問に応ずるとともに、図書館の行う図書館奉仕につき、館長に対して意見を述べる」ことを任務としている。

　図書館のような社会教育施設に対して住民の意見を反映する機関は、他の社会教育機関である公民館、博物館についても設けられている。

　公民館の場合は、社会教育法第29条の規定によって公民館運営審議会の設置が義務づけられており、「公民館における各種の事業の企画実施につき調査審議する」ほか、図書館法よりも一歩進んで館長の任命にあたってその意見を聞くことが義務づけられている。

　博物館については、博物館法第20条に図書館法とほぼ同様の規定がある。

　こうした規定は、明らかに社会教育施設の運営は「土地の事情及び一般公衆の希望にそ」（図書館法第三条）って行われなければならないという社会教育の特質に基づくものであり、これを制度として保障しようという立法趣旨を示すものであるといえよう。（社会教育全般についても、社会教育委員の制度が設けられている。）

　さらにこうして設けられた協議会・審議会は、65年9月6日付文部省社会教育局長から東京都教委あての文書によって、地方自治法第138条の4第3項に基づく付属機関として位置づけられている。

　さて、84年3月27日付の『東京新聞』によれば、東京都中野区

の社会教育委員会議が「図書館協議会の設置についての請願」を事実上却下する結論を出したという。
（請願を社会教育委員会議で審議するというのはどんな理由によるのか理解に苦しむが）その理由として、①「館長の権限や立場が十分でないのに」その諮問機関をおくことはおかしい。（同区では、館長は課長相当職に位置づけているとのことである。）②行革がらみのなかで審議会や協議会の新設は適当でない。があげられている。

　この結論は二重に誤っている。第一に、公立図書館は地方教育行政の組織及び運営に関する法律第30条によって行政機関から独立した教育機関として位置づけられている。その機関の長を課長相当職にランクするかどうかは、その自治体の人事行政上の措置にすぎないのであって、住民に対して独立の教育機関である図書館の長の諮問機関を設けることは、むしろ社会教育に関する諸立法の趣旨にそうことと理解すべきである。

　同区に公民館あるいはこれに相当する社会教育施設が設置されているかどうか承知していないが、それがあれば当然社会教育法の規定に従って館長のランクづけにかかわらず運営審議会の設置が義務づけられるはずである。

　図書館法において協議会が任意設置とされたのは、図書館法制定当時その普及率が低く、社会教育施設のなかでも専門的機関である図書館に対する諮問機関の委員に適切な人物がすべての自治体で得られるかどうかという判断に基づくのであって、このことは、西崎恵『図書館法』100ページに「画一的に小さな図書館にまで置くことを法律的に義務づけることは、かえって望ましくないことであろう。（中略）然し構想としては、いずれも、住民の世論を尊重して館の運営なり活動なりをやってゆこうとするものである。」と述べていることでも明らかである。

　第二に、『東京新聞』の清水記者が指摘するように、協議会を館長の諮問機関としてのみ把えることは、法の規定を前半しか読みと

っていないのであって、むしろ図書館運営への住民参加を保障してゆく役割としては後段の「意見を述べる」ことこそが重要なのである。

しかも、協議会委員の人選を館長にゆだねず教育委員会の任命としていることは、その独立性を保障しようという趣旨と理解すべきであり、住民の意志反映の機関として重視していることにほかならない。つまり、館のご用機関とはならないように配慮した制度になっているのである。(このことが一部の館長たちにとっては都合の悪いこととして、協議会の設置や運営に消極的な態度をとる理由にもなっている。)

中野区のように、教育委員準公選という民主的な態勢を生みだした自治体においてさえ、こうした意見が出てくるというところに、社会教育の民主化、これに対する住民参加の意識がまだまだ根づいていないことを感じさせる。

3. 委員の選任

協議会の委員は、図書館法第15条によって次の範囲から選ぶことになっている。
　　①学校の代表者
　　②社会教育関係団体の代表者
　　③社会教育委員
　　④公民館運営審議会の委員
　　⑤学識経験者

現実に各図書館の協議会においては、上記各項からそれぞれ委員を選んでいる事例が多いが、図書館法の規定では必ずしも各項の委員を網羅しなければならないとは規定されていない。従って、欠けた分野が生じても法的には差支えない。また、多くの都市で学識経験者の項を活用して、地方議会の議員を委員に加えている例も多い。

この委員の選任にあたってもっとも問題となるのは、図書館の利

用者特に密接な関係を持ち、よき図書館の理解者であり、地域の図書館運営の推進者である文庫関係者や利用者友の会などの代表者をどのような形で加えるかということである。私の乏しい経験から見ても、こうした人々の多く参加している協議会ほど論議が活発であり、成果もあげている。こうした状況からみて、日常活動の改善や将来計画の立案にあたっては、これらの人々の参加は不可欠である。

　大部分の自治体が補助金等の関係から社会教育関係団体の登録制を実施しているなかで、図書館利用者の団体や文庫連絡会などは必ずしも社会教育関係団体として認定されていない場合があり、また登録団体となっていても第2項による委員選任の母体となるほど発言力を確保していない場合も多い。（つまり、地域婦人会やPTAなどの方が有力であり、これらが委員を出せば枠が与えられない。）このような場合には、第5項の学識経験者の項を活用する必要が生じてくる。

　中村幸夫氏が「図書館協議会をめぐる諸問題－大都市・名古屋からの報告」（『現代の図書館』17巻4号）で述べているように、協議会を各種団体の代表者による「良識の府"貴族院"」とせず、「生活者である図書館利用者の実感を伴う"民意"を伝え」る機関とするかどうかは、委員の選任にかかることが多いことを痛感している。

　さきに述べた図書館法のたてまえにかかわらず、実際の委員候補者名簿の作成は、図書館長がこれを担当することが多い。従って、図書館運動にたずさわっている人々は機会あるごとに協議会委員の構成について、館長および教育長に意見を表明する努力を怠ってはならないし、住民運動によって新しく協議会を設けることを要求してゆく場合には、委員の構成についても注文をつけることが望ましい。

4. 協議会を活性化させるには協議会を真に図書館運営に対する住民参加の場としてゆくためには、どうすればよいか。

　委員の選任についてはさきに述べた。次に重要なのは、協議会の活動を支えてゆくための住民の運動である。どのような機関であれ、制度化されたものは形がい化しやすいのは社会の鉄則である。制度は、常に住民の監視下におかなければならない。

　協議会という住民の意志を表明できる機関が成立したとしても、すでに述べたようにそれらの意志を正しく受けとめ実行してゆく執行機関は館長以下の図書館員であり、これを管理する教育委員会である。住民は、これまでと同様図書館を自分たちにとって使いやすいもの、役立つものにしてゆく運動の手を緩めず、要求や陳情を続けてゆくべきである。こうした運動によってのみ、協議会の意見は聞きおくだけという教育委員会や館長の姿勢を変えてゆくことができるのである。

　そうした運動を持続してゆくためには、協議会の運営についても考えなければならないことが多い。

　その第一は、協議会の会議を公開することである。つまり、住民・報道機関等の傍聴を認め、議事録を作成してこれを図書館の開架室に備えつけ、常時利用者の目にさらすことである。いわば、図書館協議会の情報公開である。

　第二には、議題に応じて関係者の意見聴取の機会を設けることである。公聴会という形をとらなくても、事前に議題を明らかにして、それについて意見を持つ利用者や住民を招き、審議の参考とすることはそれほど困難ではなかろう。特に、ある地域に分館や分室などを設置しようという計画がある場合、その地域住民の要望を事前に聴取することは、サービス内容を審議するにあたって不可欠のことであろう。

　第三に、協議会の会議には図書館長のみならず、教育委員会の責任者などの列席も求めて、住民の意志がどんなところにあるのか具

体的に把握してもらうことである。協議会という公式の場における意見を聴いておいてもらうだけでも、議会における答弁や、陳情に対する対応にあたってある程度の姿勢の変化を期待することができる。

　第四に、協議会でまとめた答申や意見書はできるだけ広く公表して、各方面に周知をはかり、これに対する意見を求めることである。場合によっては、中間報告を公表し、これに対して出された意見をとり入れて最終報告をまとめるというような手続きも必要となろう。

　最後にあげておきたいのは、制度としての協議会だけでなく、利用者代表による私的な協議機関を組織することである。これは、館側の働きかけで組織してもよいが、利用者自身によって組織されてもよい。特に、分館を多数持ち図書館システムを形成している都市においては、次に述べる理由によって分室ごとに公式の協議会を設けることができないので、これは名古屋の「名東の図書館を考える会」や「天白によい図書館をつくる会」が要求したという図書館運営委員会に代るものと考えてもよい。(『図書館雑誌』72巻7号所載「天白における図書館創り」)

　こうした組織が自治体に認められ図書館システムのなかに位置づけられるようになれば、ほんとうの住民参加による図書館作りが定着することになるであろう。

5. 協議会はひとつしか設置できないか

　ひとつの自治体に複数の協議会を設置することができるかどうかについては、図書館法に明文の規定はない。この問題に関して参考となるのは、公民館運営審議会に関する社会教育法の規定である。

　社会教育法第29条には、複数の公民館に共通の運営審議会を設けることのできる規定がある。このことは、独立した公民館が並立している場合は、それぞれに個別の運営審議会を設けるのがたてまえであり、便法としては共通の運営審議会によって複数の公民館を

対象とすることができるという道が開かれているということである。しかし、この規定はあくまで独立した公民館が複数並立している場会に適用されるのであって、分館システムをとっているときはそのシステム全体をひとつの公民館として、ひとつの運営審議会を設置するものとして運用されているようである。

　従って、図書館においても個々の地域館が並立しているならば、個別に協議会を設けることができるかもしれないがひとつの中央館のもとに各分館がシステムとして存在する形を前提とするならば、協議会はひとつにならざるを得ないであろう。

　まして、行革がらみの合理化をせまられている現状の下では、中野区でなくともそうした機関の複数設置は事実上困難であるとしなければなるまい。

　公民館の場合、分館ごとに運営委員会がおかれている例は多い。これは法に基づく公式のものではないので、その権限は運営審議会と異なって小さいが、実質的に住民参加の役割は果しているといえる。前項に述べたような利用者の自主的組織が、図書館についてもこうした役割を果してゆくなかで、自治体に認知させてゆく方向がもっとも現実的な方策であるといえよう。

5　図書館員の倫理

『図書館界』22 巻 1 号（1970. 5）

　日本において専門職業の社会的責任を問題にする場合、外形的な権威主義や聖職論がいつもつきまとう。
　これは、日本における専門職業の成立の歴史的事情にかかわりがあると思う。
　ヨーロッパにおいては、世俗権力に対抗するためギルド的集団により自らの社会的地位を主張してきた経過があるのに対し、日本では近代国家形成の過程で、人工的に政府機関による免許・資格の付与というかたちで専門職業を育成してきたという事情がある。そのため、専門職業人に欠くことのできない自律・連帯の意識が育たず、学歴または免許状の有無や、個人プレーとしての犠牲的精神の問題に解消されてきたのであろう。
　このような過去のかげりをぬぐいきり、真の専門職業を確立するためには何をしなければならないか。これが当面する我々の課題であるといえよう。その一つとして専門職業人としての図書館員の倫理を考えようというのが、この小論の目的である。

1. 専門職業とその倫理

　職業は、個人の生活をささえるための収入を得る手段であるとともに、社会の需要をその成員として分担するという職能の面をもっていることはいうまでもない。職業人は、そうしたかたちで誰でも社会の成立にかかわっているわけであるが、特に社会とのかかわりの強いいくつかの職業を Profession〈専門職業〉とよび、他と区別する。その区別のための指標をまず見ておきたい。
　歴史的にみて、代表的な専門職業とされているのは聖職、法律家、医師、教育者などであるが、これらに共通している特徴は「も

のを扱うのではなしに人を扱っている」[1]ということである。この特徴は専門職業に特有な倫理 Professional code の成立の基礎をなすものであるが、それはあとで述べるとして、まずその他の特徴をあわせてみておくことにしよう[2]。

(1) 社会にとって不可欠なサービスを任務とし、その範囲と機能が明確にされている。
(2) 高度に複雑な知的技術を中核とした業務である。
(3) よりどころとする理論的な知識体系が形成されている。
(4) 依頼者に専門的な指示・助言をあたえる権威をもっている。この権威は、前述の知識体系と複雑な知的技術にもとづくものであって、権力や雇用主の権威にもとづくものではない。
(5) 自らの知識と能力によって、職務を実施するときに必要な判断行為を行なう自主性があたえられている。
(6) 他人のプライバシーに関与する特権を認められている。したがって、職務にあたっては感情的中立性や、同僚との協調などの普遍主義が要求される。
(7) その職務については、独占権をもっている。
(8) 職務につく免許・養成・就業・除名等について自主的な規制権をもつ同業団体が成立している。
(9) 上述の同業団体は、その職業の任務であるサービスの改善維持について責任をもっている。

　以上の特徴は、歴史的に成立してきた各種の専門職業のもっている性格や特色から抽象したものであるから、個々の職業ごとに多少ニュアンスを異にするものはあろう。しかし、ほぼ現在の専門職業のもつ特徴を抽象しえていると思う。
　こうした専門職業はそれぞれに特有な職業倫理規定をもっている。
　最初にのべたように、職業は当然社会の一つの職能を分担しているものとして、その職能を誠実に果たすべきであり、かつ資本主義

の要請にしたがって最小の経費で最大の利潤を生みだすように職務を実施することが一般的な職業倫理として要請されている。

こうした一般的な職業倫理とは別に、専門職業倫理をもつ理由としてあげられる第1は、さきにのべた特徴の第1にあげた「ものではなく人を扱う」ということであろう。

人を扱うということは、他の職業が主たる価値基準としている経済的な価値、つまり「営利」を基本原理とするのではなく、経済的なものとは独立した人格を対象とすること、つまりその職業の社会的役割をいかに果たしたかによって業績を評価すべきことを意味している。医師は個人の健康について、聖職者は人間の魂の平安について、弁護士は正義の実現についてどれだけの寄与をしたかということが価値基準とされることから資本主義社会にあっても専門職業には営利以外の倫理が要求される。

こうした社会的要請から、専門職業を他の職業と区別する条件として Professional code のあるなしが問題とされることになる。

それでは Professional code とは具体的にどんなものなのか、弁護士の例をみることにしよう。

弁護士については、その社会的重要性からその職務や資格について、また職務上の義務についても規定した法律「弁護士法」が制定されており、このなかに弁護士倫理の要項がうたわれ、さらにこれにもとづいて日本弁護士連合会会則や「弁護士倫理規定（前文と35条からなる規定をもつ）」が制定されている。

弁護士倫理規定は長文であるので、他の二つを次に例示するが、重要なことは、このような自らを規制する規定を自主的に制定し、これを維持するための綱紀委員会や懲戒委員会を自ら設けているということである。実際の運用については、いろいろな批判はあるが、こうした制度を職業集団として維持している点では、専門職業の自律性のもっともよいサンプルとすることができよう。

弁護士法
第1条　弁護士は、基本的人権を擁護し、社会正義を実現すること

を使命とする。

　　2.　弁護士は、前項の使命に基き、誠実にその職務を行ない、社会秩序の維持及び法律制度の改善に努力しなければならない。
第2条　弁護士は、常に深い教養の保持と高い品性の陶やに努め、法令及び法律事務に精通しなければならない。
第22条　弁護士は、所属弁護士会及び日本弁護士連合の会則を守らなければならない。
第23条　弁護士又は弁護士であった者、その職務上知り得た秘密を保持する権利を有し、義務を負う。但し、法律に別段の定めがある場合は、この限りでない。

　日本弁護士連合会会則（昭24.7.9制定）
　　第2章　弁護士道徳
第11条　弁護士は、人権の擁護者であり、社会正義を顕現するものであることを自覚しなければならない。
第12条　弁護士は、常に法令が適正に運用されているかどうかを注意し、いやしくも非違不正を発見したときは、これが是正に努めなければならない。
第13条　弁護士は、法律学その他必要な学術の研究に努めるとともに、たえず人格を錬磨し、強き責任感と高き気品を保たなければならない。
第14条　弁護士は、法廷の内外を問わず、裁判官、検察官及び同僚に対して礼節を守るとともに公私混同の態度があってはならない。
第15条　弁護士会の役員の選任は、人格識見ある者が衆望をになってこれにあたることができるように、民主的で、且つ公明な方法によってなされなければならない。
第16条　弁護士の本質は、自由であり、権力や物質に左右されてはならない。

　以上の規定は、さきにあげた専門職業の特徴と対応していることに注意していただきたい。

これらは、主としてその職業にたずさわる個人の道徳的規範に関したものであるが、Professional code の内容は、こうしたものばかりではない。会則第12条にもあらわれているが、権力と職務の関係、社会的任務の強調、その実現の手段の規準、集団としての倫理などが、その職業のおかれてきた歴史的条件に応じてうたわれることが多い。その一例として、図書館と関連のふかい分野の倫理綱領をふたつ資料として後にあげておいた。

2. 専門職業としての図書館員

図書館員という職業は、さきにのべた条件にてらして専門職業といいうるのか。

この問いに答えるには、まず図書館の社会的機能を問題にしなければならない。図書館はいうまでもなく「記録された知識・思想などを伝達するためにくふうされた社会的手段」であるがあらゆる知識・思想をさまたげられることなくすべての人に伝達することによって、文化の創造・社会の発展を保障しようという民主主義思想にささえられてきたこと、この思想は国立国会図書館法前文に表現された「真理がわれらを自由にするという確信」を前提としていることも、あらためていうまでもないであろう[3]。

この「知る権利」の社会的保障が、図書館員を専門職業として特徴づける最大の理由である。

次に答えるべき問いは、他の専門職業は人を対象としているのに、図書館員は書物という物を対象としているではないかということであるが、これにはミルトンの次のことばを引用すること

「書物というものは絶対的に死んだ物ではなく、その生みの親たる魂と同様、溌剌たる生命力を自己の裡に持っている」[4]

と、そうした書物を利用する人々こそ図書館員の真の対象であるということで十分であろう。

専門職業の特徴としてさきにあげた (2)～(4) については、現在の図書館学の体系と技術が十分であるかどうかについては、これま

でにいろいろな意見が出されているが、これらは今後の研究と実践によって裏づけられることの可能な部分である。
(5) の判断行為の自主性については、図書の選択やレファレンス・サービスのさいの、利用者との応待などに代表的にあらわれると考えられるが、一般的にみて、ある程度の自主性が与えられていなければ、こうした仕事の実行は不可能であることは自明であろう。
(6) にあげたプライバシー関与の権利は、読書が個人的作業であることから当然読者は自分の読んだ図書を他人に知られないようにする権利をもつと考えられる。この読書に関するプライバシーの権利は、思想調査との関連において社会的問題とされ、閲覧票や貸出券を公開しないという形で、かつての中立性論争にも登場したが、図書館員は読者のプライバシーを守るという義務があり、これは思想・言論の自由に圧力が加えられる社会的条件のもとでは特に重要とされなければならない。
(7)〜(9) に関しては、現在満たされているとは考えられないが、これは長いあいだ集団としてのプロフェッションの確立をきらってきた日本の歴史的条件と無関係ではないことに注意したい。
　以上検討してきたように、いまだ満たされていない条件はあるにせよ、図書館員は専門職業であることを指向する権利のあることが明らかになったと思う。

3. 図書館員の倫理

　図書館員が専門職業たりうるものであるとすれば、それは当然に固有の倫理 Professional code をもたなければならぬ。それはどのようなものであろうか。これまでに図書館員の倫理に関連したものとして公表された文書として「図書館の自由に関する宣言」[5]がある。これは、さきにのべた「知る権利」の保障を強調し、資料収集の自由、資料提供の自由、不当な検閲反対をうたい、これらに対する圧力に団結して抵抗する意志を表明したものとして、思想・言論の自由が社会的に定着していない日本の社会条件を反映したものになっ

ている。「知る権利」の保障の強調は、図書館の社会的責任の第1にあげられるものである以上、当然図書館員の倫理の最初にあげられるべきであるが、これがすべてではない。以下 Professional code にもりこまれるべき事項をあげてみよう。

1）図書館員は真理を尊重する。これをまげようとするものとはたたかわなければならない。

　このことは、同時に少数意見や異端と呼ばれる思想をそのゆえに非難したり、無視したりしないことをも意味する。

2）図書館員は、図書館奉仕の発展こそ民主主義を社会に定着させるものであるという確信をもたなければならぬ。

　そのために、社会的・経済的その他の条件により必要な図書に接することのできない人々に、求める図書を提供できるようにすることは図書館員の義務である。

3）上記の義務をはたすため、図書館員はそれぞれ所属する図書館の運営方針の策定、さらに地域的・全国的図書館奉仕計画の策定に、個人としてまたは適当な組織を通じて、これに関与する権利をもっている。

4）また、図書館員は、図書館の利用者をその人種・性別・社会的身分・経済的な地位・信条等により差別してはならず、図書館の利用をこれらの理由でさまたげようとする試みに反対すべきである。

5）図書館員は、読書の自由と読者のプライバシー守らなければならない。これらも権利をおかそうとする者に対しては強く抵抗することが義務づけられる。

6）図書館員の任務は利用者の求める資料を提供することである。

　したがって、図書館員が自分の知識や意見を直接利用者に提供することは、図書館奉仕本来の範囲をこえるものである。また、図書館員は自分の意見と異なることを理由に資料の提供をこばんではならない。

7） 図書館員は、常に図書に関する知識を深めることにつとめ、そのひろく正確な知識によって利用者の信頼をかちえなければならない。
8） 図書館員は、図書館学に精通し、その知識と技術を十分に発揮して、利用者に最善の奉仕ができるようつとめなければならない。
9） 図書館員は、図書館の利用者から私的に図書館奉仕に対する謝礼を受け取ってはならない。
10） 図書館員は、同僚と協調し組織体としての図書館の能力を最高度に発揮することにつとめなければならない。

　以上、主に個人の道徳的規範を中心にのべたが、これらをささえ、ものとして集団としての Profession ＝同業団体が不可欠のものになっていることは、さきにあげた。したがって、そこには同業団体への帰属意識〈日教組倫理綱領 10 項の団結の倫理〉がなければならないし、それは同時に同業団体が Profession の社会的・経済的地位の要求を代表すること、構成員の行なう社会的サービスの水準向上をはかるための対外的要求と内部統制〈品質管理〉の権限を同業団体にあたえ、その統制に服することなどが、さらに専門職業に共通する倫理として加えられるべきであろう。このような集団に関連した問題は、さらに別稿で宮崎氏により論じられる予定であるので、これ以上ふれないことにしよう。
　ただ、つけ加えておきたいのは、さきにもふれた組織体としての図書館と Profession の自主性の関係である。組織体としての図書館では、職員の行なう図書館サービスを一般的に規制する方針が存在し、その方針に従うことによってサービスの均質性＝水準を維持しているわけであるが、こうした規制は、自由業としての専門職業とちがって組織体に雇用されている専門職業に共通する問題であると考えられる。そこでこの点を考える資料として後に新聞協会の「編集権声明」をあげておいた。

この資料にみるように、組織体としての自由と個人の自由とは必ずしも一致せず、個人の自主性が組織体の方針によって制約されることは止むなえないが、その程度がきびしくなれば事実上専門職業の本質である自主性を失わせることになる。そこでこの二面の調和をはかるためには、組織体の定める方針に専門職業としての知識や経験がどの程度反映しているか、その立案に専門職員がどの程度関与できるかの2点を考慮することが不可欠の条件といえよう。

4. 資　料

　以下、図書館員の倫理綱領を考えてゆくさいの参考に自主倫理規定の例をあげた。
　なお、日教組の倫理綱領については、図書館に関係の深い部分のみを抄録してある。

(1) 教師の倫理綱領（日本教職員組合　昭27）
　まえがき
　これまでの日本の教師は、半封建的な超国家主義体制のもとで、屈従の倫理を強いられてきた。
　日本の社会体制が、まったく違った観点から再建されなければならぬ今日、われわれはこれらの因習をたちきり、新たな倫理をもたねばならぬ。
　倫理はたんに普遍的な永遠なものではなく、具体的な特定な時代と民族にあたえられた、歴史的課題をかちとるためのたたかいを通じてつかみとらなければならぬ。……　日本の教師は全労働者とともに、事態が困難を加えれば加えるほど、ますますその団結を固めて、青少年をまもり、勇気と知性をもって、この歴史的課題の前に立たねばならぬ。右の認識にもとづいて、われわれは次の倫理綱領をきめる。
1　教師は日本社会の課題にこたえて青少年とともに生きる。
2　教師は教育の機会均等のためにたたかう。

憲法の保障する個人の人格の尊厳と教育の機会均等は、今日なお、空文にとどまっている。

青少年は各人のおかれた社会的経済的条件によって、教育を受ける機会をいちじるしく制限されている。

特に勤労青年大衆の教育は、まったく投げ出されているといってよい。学校の内外における子供たちの生活と成長は、平等な条件を保障されてはいない。

18世紀的個人主義はもはや個人を確立する道ではなく、教育の機会の均等化のために社会的な措置が取られねばならぬ。

教師はみずからこの必要を痛切に感じとり、あらゆるところで教育の機会均等のためにたたかう。

3　教師は平和をまもる。
4　教師は科学的真理に立って行動する。

社会の進歩は、科学的真理に立って、課題を合理的に解決することを通じておこなわれる。科学の成果を無視する行動は、進歩をもとめる人間性を抑圧する。

教師は人間性を尊重し、自然と社会を科学的に探究し、青少年の成長のために合理的な環境をつくりだす。

そのために、教師は相互に経験をわかちあい、学者、専門家とひろくふかく結合する。

5　教師は教育の自由の侵害をゆるさない。

われわれの教育研究および教育活動の自由は、しばしば不当な力でおさえられている。言論、思想、学問、集会の自由は、憲法によって保障されているにもかかわらず、じっさいには、いちじるしく制限されている。

教育における自由の侵害は、青少年の学習の自由をさまたげ、知性の自由な活動をはばみ、そのうえ民族の将来をもあやまらせるものである。教師は深くこれを知るが故に、学校と教師に対するすべての不当な圧迫とたたかう。

6　教師は正しい政治をもとめる。

7　教師は親たちとともに社会の退廃とたたかい、新しい文化をつくる。

　われわれの町や村ではあらゆる種類の退廃が青少年をとりかこみ、日夜青少年の清純な心をむしばんでいる。

　街頭芝居から映画にいたるまでの商業的発行物がもちこむ悪質の娯楽、新聞、ラジオ、出版物のうえにみられる退廃的傾向、競輪、競馬場や不潔な盛り場が発散する亡国的雰囲気などは、特に大きい力となって青少年を毒している。

　教師は親たちと力を合せて社会の退廃から青少年をまもり、青少年とともに正しく生活し、働くものの新しい文化をつくる。

8　教師は労働者であること。

9　教師は生活権をまもる。

10　教師は団結する。

　教師の歴史的任務は、団結を通じてのみ達成することができる。

　教師の力は、組織と団結によって発揮され、組織と団結は、絶えず教師の活動に勇気と力を与える。しかもこんにち個人としての教師の確立は、団結を通じてかちとる以外に道はない。

　教師は教員組合運動を通じて世界の教師と結合し、全労働者と手をにぎる。

　団結こそは教師の最高の倫理である。

(2)　新聞倫理綱領（日本新聞協会　昭 21. 6. 23 制定)[6]

　日本を民主的平和国家として再現するに当り、新聞に課せられた使命はまことに重大である。これをもっともすみやかに、かつ効果的に達成するためには、新聞は高い倫理水準を保ち、職の威信を高め、その機能を完全に発揮しなければならない。

　この自覚に基づき、全国の民主主義的日刊新聞社は経営の大小に論なく、親しくあい集って日本新聞協会を設立し、その指導精神として「新聞倫理綱領」を定め、これを実践するために誠意をもって努力することを誓った。そして本綱領を貫く精神、すなわち自由・

責任・公正・気品などは、ただ記者の言動を律する基準となるばかりでなく新聞に関係する従業者全体に対しても、ひとしく推奨さるべきものと信ずる。

第1　新聞の自由

公共の利益を害するか、または法律によって禁ぜられている場合を除き、新聞は報道、評論の完全な自由を有する。禁止令そのものを批判する自由もその中に含まれる。この自由は実に人類の基本的権利としてあくまでも擁護されねばならない。

第2　報道、評論の限界

報道、評論の自由に対し新聞はみずからの節制により次のような限界を設ける。

イ　報道の原則は事件の真相を正確忠実に伝えることである。

ロ　ニュースの報道には絶対に記者個人の権威をさしはさんではならない。

ハ　ニュースの取り扱いに当っては、それが何者かの宣伝に利用されぬよう厳に警戒せねばならない。

ニ　人に関する批評は、その人の面前において直接語りうる限度に止むべきである。

ホ　故意に真実から離れようとするかたよった評論は新聞道に反することを知るべきである。

第3　評論の態度

評論は世におもねらず、所信は大胆に表明されねばならない。しかも筆者はつねに、訴えんと欲しても、その手段を持たない者に代わって訴える気概をもつことが肝要である。新聞の公器たる本質は、この点にもっとも高く発動される。

第4　公　正

個人の名誉はその他の基本人権と同じように尊重されかつ擁護されるべきである。非難されたものには弁明の機会を与え誤報はすみやかに取り消し、訂正しなければならない。

第5　寛　容

みずから自由を主張すると同時に、他人が主張する自由を認めるという民主主義の原理は、新聞編集の上に明らかに反映されねばならない。おのれの主義主張に反する政策に対しても、ひとしく紹介、報道の紙幅を割くがごとき寛容こそ正に民主主義の本領である。

第6　指導、責任、誇り

新聞が他の企業と区別されるゆえんは、その報道、評論が公衆に多大な影響を与えるからである。

公衆はもっぱら新聞紙によって事件および問題の真相を知り、これを判断の基礎とする。ここに新聞事業の公共性が認められ、同時に新聞人独特の社会的立場が生れる。そしてこれを保全する基本的要素は責任観念と誇りの二つである。新聞人は身をもってこれを実践しなければならない。

第7　品　格

新聞はその有する指導性の故に、当然高い気品を必要とする。そして本綱領を実践すること自体が、気品を作るゆえんである。その実践に忠実でない新聞人は、おのずから公衆の支持を失い、同志の排斥をこうむり、やがて存立を許されなくなるであろう。ここにおいて会員は道義的結合を固くし、あるいは取材の自由を保障し、また製作上の便宜を提供するなど、たがいに助け合って倫理水準の向上保持に努めなければならない。

かくて本綱領を守る新聞の結合が、日本の民主化を促進し、これを保全する使命を達成すると同時に、業界を世界水準に高めることを期待するものである。

(3) 日本新聞協会の編集権声明（昭26. 3. 16)[6]

新聞の自由は憲法により保障された権利であり、法律により禁じられている場合を除き一切の問題に関し公正な評論、事実に即する報道を行なう自由である。

この自由はあらゆる自由権の基礎であり民主社会の維持発展に欠くことが出来ぬものである。またこの自由が確保されて始めて責任

ある新聞が出来るものであるから、これを確立維持することは新聞人に課せられた重大な責任である。編集権はこうした責任を遂行する必要上何人によっても認められるべき特殊な権能である。

1 編集権の内容

編集権とは新聞の編集方針を決定施行し報道の真実・評論の公正並びに公表方法の適正を維持するなど新聞編集に必要な一切の管理を行なう権能である。編集方針とは基本的な編集綱領の外に随時発生するニュースの取り扱いに関する個別的具体的方針を含む。報道の真実、評論の公正、公表方法の適正の基準は日本新聞協会の定めた新聞倫理綱領による。

2 編集権の行使者

編集内容に対する最終的責任は経営・編集管理者に帰せられるものであるから編集権を行使するものは経営管理者およびその委託を受けた編集管理者に限られる。新聞企業が法人組織の場合には取締役会、理事会、経営管理者として編集権行使の主体となる。

3 編集権の確保

新聞の経営、編集管理者は常時編集権確保に必要な手段を講ずると共に個人たると、団体たると、外部たると、内部たるとを問わずあらゆるものに対し編集権を守る義務がある。外部からの侵害に対してはあくまでこれを拒否する。また内部においても故意に報道、評論の真実公正および公表方法の適正を害しあるいは定められた編集方針に従わぬものは何人といえども編集権を侵害したものとしてこれを排除する。編集内容を理由として印刷、配布を妨害する行為は編集権の侵害である。

おわりに

私は、さきに図書館雑誌上に Profession としての図書館員について書き[7]、そのなかで Professional code の問題にふれたため、今回の特集にあたって「図書館員の倫理」などというテーマが私のところに回ってきたのであろう。私は、倫理学や職業社会学については

まったく無知といってよく、このテーマ等を書く執筆者の任ではないのであるが、このような問題が、これまで我が国の図書館界であまりとりあげられなかったという状況のなかでは問題提起の役割りだけは果たしうるだろうし、JLA に Professional code 委員会の設置を提唱した責任もあるので、あえて、執筆することにした。多くの人々の間でこの問題が論議され、Profession 確立の一助にさえなれば、その目的は十二分に達したことになるのである。

注
1）福田敏一：専門職をめぐって　展望 103 号（昭 4. 7）p.96
2）市川昭午：専門職としての教師　1969　p.35-36
3）「知る権利」について，ドイツ及びポーランドの憲法に次のような表現がある。
　〈ドイツ連邦共和国（西独）基本法〉
　　第 5 条　何人も言語，文書及び図画をもって，自由にその意見を発表し，及び弘め，並びに一般的に入手することのできる情報源から妨げられることなく知る権利を有する。
　〈ポーランド人民共和国憲法〉
　　第 62 条　ポーランド人民共和国の市民は，文化の成果を利用，民族文化の発展に創造的に参加する権利をもつ。
　　2　この権利は，図書館，書物，定期刊行物，ラジオ，映画，劇場，博物館，展覧会，文化の家，クラブ，読書室を発展させ，それを都市と農村の勤労者の処理にまかせること，人民大衆の文化的な創造を全面的に奨励し，それを活気づけること，創造能力のある才能を発展させることによって，非常にひろく保障される。
4）ミルトン：言論の自由　岩波文庫　p.10.
5）図書館の自由に関する宣言（昭和 29 年全国図書館大会決議）
　図書館雑誌　vol.48, No.7（昭 29. 7）
　図書館ハンドブック　増訂版　p.40 に再録されている。
6）「新聞倫理綱領」及び「日本新聞協会の編集権声明」は，マスコミ法令要覧（伊藤正巳・清水英夫共編）昭 41　p.365-366. によった。
7）拙塙：プロフェッションとしての協会を　図書館雑誌　Vol.61, No.11（昭 42. 11）

6　図書館の自由を考える

　　　　　日本図書館研究会 1994 年度図書館学セミナー：
　　　　　　1994. 9. 26：於：椙山女学園大学：名古屋

〔読書の自由〕

　最近読んだ本にみすず書房の小尾（おび）俊人さんの「本が生まれるまで」があります。このなかに、昭和19年に石川県立図書館を訪ねたときの驚きを書いた短い文章がありました。昭和19年といえば、敗戦の色が次第に濃くなって世間は厳しい戦時色に覆われていた時代でしたが、石川県立図書館ではマルクス文献が自由閲覧に供されていたというのです。当時、金沢はいわゆる軍都でしたから、特高や憲兵による取締りはおそらく相当に厳しかったのではないかと思われますが、そうしたなかでそうした思想書が図書館で利用に供されていたということは、想像もしませんでした。

　小尾さんは、こうした石川県立図書館の姿勢を当時、あるいは1940年4月東大へ転任なさる直前までだったかも知れませんが、館長を勤めておられた中田邦造氏と結び付けて語っていますが、その推定に誤りがないとするならば、読書指導、読書群運動を通じて当時の国策に協力したという中田邦造氏に対する戦後の図書館界における評価は修正されなければなりません。あの戦時中に図書館における資料の公開と自由の原則を守り抜き得たというそのことだけでも、日本の図書館史に記録されるに値すると考えます。

　私は、図書館の自由の中心的課題は、国民の読書の自由を守るための理念と行動であると考えます。中田氏の石川県立図書館におけるそうした実践は、それを具体的に示した行動であったということができましょう。

　自由宣言の改訂作業の過程で、宣言のタイトルを「国民の読書の自由を守るための図書館の役割に関する宣言」に改めてはどうかと

いう議論がありました。結論としては、1954年という早い時期に"知る自由"という理念を掲げ「図書館の自由」を確立しようとした先人の努力と識見を尊重すること、できるだけ短いことばで端的に訴えることの重要性から、1954年宣言のタイトルを踏襲することになったのですが、読書の自由を守るという基本理念が否定されたのではありません。

　読書の自由は、自由な出版と自由な出版物の流通によって基礎付けられます。従って宣言第4項の「検閲反対」は、読書の自由を成立させる根幹であり、これを抜きにしては、出版の自由も、読書の自由も成り立たない。検閲は憲法第21条2項によって明文で禁止されているにかかわらず、その疑いのある類似行為はいくつも存在しています。例えば、税関検査、青少年条例による販売規則など。常に国民の厳しい監視が必要な分野です。

　ちなみに、アメリカ合衆国の憲法には、検閲禁止の条項はありません。もちろん、だから検閲は違法ではないということではなく、検閲禁止を謳わなくても「表現の自由の保障」で足りるという建て前をとっているにすぎません。

　検閲とは「公権力による表現の事前差し止め」を前提とした審査行為でありますが、そうした検閲制度の存在は、検閲そのものによる表現の規制よりも、検閲にひっかからないかという国民の自主規制意識を高めるという効果のほうが大きい。制度の危険性ばかりでなく、そうした制度が存在するということの社会的効果という点にも留意する必要があります。その意味で、自主規制の危険性はいくら強調しても足りないと考えます。公立図書館も公立という性格から組織のうえでは公権力の末端にあると認識されている。そのため、民間の人々よりも、自主規制が働きやすい傾向にあります。すくなくとも資料の収集・提供の面では、行政機関と異なる教育機関であるという自立性を、常に管理者にも住民にもアピールし理解を広げておくことが不可欠であります。

　図書館における資料収集は、図書館の設置目的、利用者の要求、

資料費の枠（予算額）、図書館で把握できる出版情報の限界・入手手段などによって枠組みが形成され、そのなかで一定の収集方法に基づき行なわれています。その総体が利用者の読書の自由を阻害していないかどうかが、読書の自由の観点からは問われることになります。個々の図書館がすべての資料を収集しておくことが不可能な以上、利用者の読書の自由を保障するためには、図書館間の相互協力と収集方針の絶えざる見直しが不可欠です。そのことは、利用者・住民の当面する社会的課題の解決に役立つ資料の収集を妨げるものではありません。

　東京都立中央図書館の山家（やんべ）氏が、青少年条例による規制図書を公開することで住民に判断資料を提供する方策を提言しているが、そのなかで、その公開は行政担当部局が責任を持つべきで、それを図書館に求めるのは適切でないと述べている。公開すべきとの提言には大賛成であるが、図書館以外に公開の場を求めることには賛成できない。私は、図書館は出版の自由を守るためにも、積極的にこうした資料の収集と公開に取り組むべき責任があると考えます。

　そのことは、当然にすべての利用者に公平に資料を提供すべきであるという図書館サービスの基本原則と関わる問題を提起することになります。

　「ちびくろサンボ」の問題のとき、私が新聞社の取材に応じて「こどもに提供する資料」と研究用資料の取り扱いを区別してもよいと発言し、一部の方々から批判を受けたが、条例による規制がある資料を提供するような場合には、これを分離せざるをえません。この分離を忌避する姿勢から、そうした資料の収集や公開に消極的な方針が生まれるのだと考えられます。「こどもの権利条約」の批准に伴って、こどもの自由な読書の権利を保障する主張が強まると思いますが、一方、親がこどもに読ませたくないと考える出版物を、自ら自分のこどもに禁止することをせずに、そうした出版物の刊行・販売を公的な規制手段に頼って制限することを要求する親た

ちが多数存在する状況も考えあわせれば、公的機関としての図書館においては、なんらかの対応措置をとることは、やむをえないと考えます。

〔プライバシーの問題〕

図書館におけるプライバシー問題には、宣言が述べているように、二つあります。ひとつは、宣言第3項の利用者のプライバシー保護の側面であり、もうひとつは、資料に記述されているプライバシー情報の問題です。

最近話題になったNHKの「ぴあの」については、すでに論じ尽くされており、問題としては「練馬テレビ事件」と共通する問題なので、あらためて触れることはしないことにします。

プライバシーの概念は、当事者と他者との関係において相対的なものであり、その範囲を具体的に定義することは困難です。現代においては、当人の私室に踏み込んだり、手紙を盗み見したり電話を盗み聞きしたり、行動を強制的に規制したりするといった直接的なプライバシー侵害は少なくなり、当人に関する情報が必要外の他者に知られることによるプライバシー侵害が多数を占めるようになっています。こうした場合のプライバシーの権利のことを「情報プライバシー権」と呼んでいます。つまり、情報プライバシー権の侵害が現代の特徴であるということができます。

マス・メディア時代にあっては、新聞・週刊誌・放送などによってプライバシーを侵害される例は限り無くあります。それらによってプライバシーを侵害された人々は、一部の有力者や資産家は例外として大多数の人々はこれに対抗・抗議する手段をもちえず、泣き寝入りしている状況です。これは、明らかにマス・メディアの巨大化に伴う弊害の一つです。図書館が、出版物を利用に供する機関である以上、この渦中に巻き込まれるのは避けがたいといわなければなりません。

出版物の内容に、他人の人格を傷付け、社会的少数者や弱者の人

格権を侵害し、プライバシーに立ち入り、それらを圧迫する結果をもたらす記述が含まれていたばあい、そうした資料の提供に当事者や関係者が苦情を申し出ることは、むしろ当然の権利であるといってよいでしょう。これが、宣言第2項副文1でいう「人権またはプライバシーを侵害するもの」の問題です。

この問題は、表現の自由とプライバシーの権利の接点に生じる解決困難な課題です。個々の事例に応じて判断を求められるケースであるといえましょう。あえて、抽象的な基準を示すとすれば、(1) 表現の対象が公人であるか、私人であるか。(2) その情報の公表が公共の利益にかなっているかどうか。(3) 情報の範囲が、必要な範囲に限定されているかどうか。などの点を比較衡量して判断するということであろうか。

そうした判断は、日常の資料選択にあたっては出来がたいという異論がありましょう。当然ですが、住民から資料について異議申し出があったものについてそうした判断をすることはできないことはなかろうし、図書館として行なう義務のあるしごとといえましょう。判断後の具体的対応としては、国立国会図書館が採用している方法は、その資料に問題点指摘の申し出があった旨の付箋を添付することで利用者に注意を喚起することですが、それ以外にも問題の性質・軽重に応じて各種の方法が考えられるでしょう。ただ、この国立国会図書館の採用している方法については、論議すべき課題が残されています。

〔利用者のプライバシー〕

神奈川県を始めとして、各地で個人情報保護条例の制定が行なわれています。規制の内容に問題を含むものがないわけではありませんが、一般的には望ましい傾向と言えましょう。

こうした条例を理解・適用する場合、一時的記録と蓄積的記録を明確に区別して運用を考えることが必要であると考えます。貸し出し中のみ図書館に記録される貸し出し記録と、長期間にわたって保

存される登録者のファイルは当然異なる。

　情報公開制度の普及に関連して、かつて、森耕一さんが、閲覧記録や貸し出し記録を特定して開示できないように条例で明示すべきであると提言されたことがあったが、アメリカ合衆国では36の州でそうしたデータの開示を州法で禁止しています。これらの州ではそうしたデータの開示には裁判所の命令を必要とするとされています。(「プライバシーの権利」アメリカ自由人権協会)

　しかし、日本の場合、各地域の情報公開条例や個人情報保護条例で個人名の明らかな情報は一律に公開を禁止しているし、運用上も厳密に守られている例が多いので、その必要があるかどうか、規定の内容、運用の実体を詳細に検討しなければ、判断できないというべきでしょう。

〔編者注：サイトへの案内：2017.7.7最終参照〕
＊「ちびくろサンボ問題」、「練馬テレビドラマ事件」については次を参照のこと。
　http://www.jla.or.jp.portals/o/data/linkai/%E7%
＊『ぴあの』の件については次を参照のこと。
　http://ja.wikipedia.org/wiki/ぴあの

7 プロフェッションと司書職制度

『図書館雑誌』72 巻 11 号（1978. 11）

1. 図書館と司書

　JLA 図書館員の問題調査研究委員会は、その 7 年間の活動を『図書館員の専門性とは何か』に集約して刊行した。また、そのなかに収録されて、その後の専門性論議に必ず引用される「最終報告」も「図書館員の専門性とは何か」と題されている。同委員会は、もっぱら図書館員という用語を使い、司書ということばは、司書職制度の場合にだけ使用しているものと見受けられる。

　しかし、同委員会がこれまで追求してきた図書館員の問題は、ほとんど「専門性を持った図書館員」をめざすものであって、現実に存在する図書館職員一般－事務職員、技術職員、労務職員を含めた－を対象とするものではなかったことは事実であろう。図書館員ということばは、図書館に勤務している職員という意味と、図書館に固有の業務を担当している職員という意味の双方を含んでいる。私は、前者を図書館職員、後者を司書とよんで区別すべきであると思うが、その場合、一面では図書館法の規定する職名との混同は避けられない。

　それはともかく、ふたつの意味を含む用語を使用する場合、よほど注意しないと意味の混同は避けられない。特に、ある専門性を有する職員の制度化を問題にする場合、用語を厳密に使う必要があろう。

　「住民の身近に図書館を」「ポストの数ほど図書館を」をスローガンに公共図書館サービス網の整備運動が進められるなかで、小規模図書館が数多く増設されつつある。そうした図書館に配属される職員は、全員司書であることが望ましいという意見が多いが、それは

庶務、会計や建物、設備の維持管理といった業務を管理するシステムが別に整備されていることを前提とした議論であって、それを抜きにした主張であるならば、分業化をたてまえとする近代社会の方向に逆行するものといわなければならない。こうした考えは、我われが指向する司書職制度の確立にとって、むしろマイナスであろう。

　多くの異なった職種を含む職員集団を一つの目的に向けていかに機能的に活動させるかが経営管理の要諦であり、この態勢を前提としてこそ専門職制度は成立するのである。したがって、一つの図書館あるいは図書館システムのなかに、司書職以外の職員が存在することは当然であり、そうした職員集団のなかにおける司書の役割は何かを明確にすることが、制度化にあたってまずしなければならない課題であるといえよう。

　このように、一つの組織体のなかで他職種との相違を明かにして、一つの職種の確立をめざす方法は、組織内にいる専門職の場合当然の方策であるが、もう一つ別な観点もある。

　それは、個々の組織体－図書館でいうならば、館種および個々の図書館の違いを越えて、目的と業務内容を共通とする職員層が存在するならば、これはそうした人びとを一つの職員として処遇する有力な根拠となる。

　いずれの場合でも、図書館に固有の業務を遂行する専門的職員であることを前提としているが、これらの職員にみられる業務上の共通性が図書館員の専門性とよばれるわけであるから、図書館職員＝図書館員のまぎらわしさを避けるためにも"司書の専門性"とよぶことが適当であろう。

2. 専門職制度とプロフェッション

　さて、司書に専門性があることを前提として、組織内でこれを制度化すべきであるとする主張が有力である。しかし、その専門性とは何かが必ずしも具体的でないし、またその制度化とはどんなこと

かについて必ずしも意見の一致をみないことが指摘されている。特に、第2の点をめぐって、わが国では専門職制度そのものにいくつかの考えが存在していることを明かにしておく必要がある。それは、プロフェッションとスペシャリストをめぐる概念の混乱である。一般に組織内における職員制度として専門職制がとりあげられるときには、スペシャリストと、特定の一分野に精通した専門家としてラインを援助する役割を果たすスタッフという身分を意味する場合があるが、いずれの場合も、専門職制とは単にその人の持っている知識や技能をその組織の目的達成のために利用するにすぎない。つまり、目的の設定そのものにはかかわらない職員であるところに、この制度の特徴がある。これが通常スペシャリストとよばれるが、このような専門職業が社会的に認められた場合、これをTechnical-scientific profession とよぶ。

　浦和市立の中村剛氏は、本誌77年6月号で図書館現場の寒態と図書館学教育のずれを軽妙な語り口で突き「テストもなしに有資格、講義でゴルフがうまくなりゃ、こんな気楽な稼業はない。理容師、通信士、電気工事士、栄養士、ソロバン、通訳、薬剤師、セリのおじさんも試験つき、プロにはテストがつきものと、思ったオレがばかだろうか」とやゆしているが、ここで引合いに出された職業は、いずれも専門家ではありえても、プロフェッションということはできない。

　プロ野球、プロ・ゴルファーなどの用語から、プロフェッションの意味が混乱しているが、歴史的にみてプロフェッションとはもっと限定された職業を指す用語である。

　この点については改めて述べることとし、我われが目標としている司書職の制度化とは、さきに述べたような被術サービスを主とする Technical-scientific profession をめざすものなのか。

　これに対して、伝統的なプロフェッション、依頼に応じて個々の依頼者の肉体的・精神的な私的世界に踏込む権利をもつものを Persons profession とよんでいる。もちろん、Person profession と

Technical-scientific profession の間にはさまざまなレベルがあるから、いちがいにいずれをめざすのかという二者択一的質問は無意味であるが、両極の間のどの辺に位置ずけようとするのかは明かにする必要があろう。

　読書が個人的な営みであり、内面的な作業であるとするならば、個々の利用者の要求を察知しこれにもっとも適切な読書資料を提供することは、明かに Person profession の方向に近づいた活動でありうる。しかし、そうした活動は公共図書館や学校図書館でこそありえても専門図書館の場合は、ごく例外の場合を除けば存在しないであろう。専門図書館や大学図書館の研究者への奉仕活動は、利用者の一般的な情報要求のパターンを知り、これに対応できるような情報の組織化という外面的・技術的なサービスに重点がおかれよう。利用者の要求に応じて資料や情報を提供するという形では共通しているものの、利用者とのかかわり方では大きな相異があることを認めなければなるまい。こうした差の存在を前提としておかなければ、あらゆる館種に共通する専門職制度などは考えようがない。

　以上のことから、プロフェッションとは職業上の概念であり、専門職制は組織体における職員制度上の概念であるという違いが明かになる。したがって、この異なる概念を結びつけるためには、何らかの中間項を必要とするであろう。

3. 司書職制実現の条件

　古賀節子氏は「司書職をめぐる専門職意識について」のなかで、専門職性を次のように提示している。
① 　理論的な知識にもとづいた技術を必要とし、その獲得のために専門化された長期間（通常高等教育以上）にわたる教育訓練が必要とされる。
② 　サービスの提供は、営利を主たる目的とすることなく、公共の利益を第一義的に重視して行なわれる。
③ 　その職業に従事するためには、国家ないしはそれにかわる団体

による厳密な資格試験をパスすることが要求される。
④　同業者集団としての職業団体を結成し、その組織としての統一性を維持するため、一定の行動規範が形成される。
⑤　雇用者、上司、顧客などの職務上の判断措置について、指揮・監督・命令をうけない職務上の自律性をもち、また職業団体として成員の養成・免許・就業などについて一定の自己規制力を持つ。

　私としては、いささか付加えたり修正したりしたい点がないでもないが、それはさておき、この5項目は専門職業人が備えなければならない基礎的な要件であることは一般的に承認されよう。これらの要件を前提として制度化をはかる場合、それが社会的に承認されるためには外形的な要素が中心にならざるを得ない。

　その場合、制度化の基礎となるものは①学歴　②公的な資格　③それを裏付ける知識体系　④指揮・監督・命令を受けないでも職務を遂行できる能力であるといえよう。これらの条件が兼ね備わった場合に、これを一般的な職員制度のなかで他と区別する専門職に位置づけることが容易となる。

　これを、現在の図書館界と照合するならば、リストの面に重点がある。これにも、特定の業務に従事する職種を意味する場　①学歴については、大学卒業者の増加ということである程度まで満たされている。②公的な資格については、図書館法で公共図書館に関してのみ制度化されているだけで、他の館種についての資格制度はない。これは、専門職業としての確立という点から早急に整備されなければなるまい。③知識体系についても、図書館学の水準は他の学問分野に較べて決して高いとはいえず、特に体系化・理論化の面でたち遅れているとみてよいであろう。④職務遂行能力についても、基礎的な教育・訓練が不十分で、現在そうした能力は職場における経験や研修によって補われている部分が大きい。

　以上のように、専門職を制度化してゆく基礎条件がまだ十分に整っていない状況であるとみなければならない。したがって、司書職制度の実現までにはまだまだ遠い道程があるといわなければなるま

い。

　いうまでもなく、この4条件についていろいろな意見がありうる。たとえば、昨年の大阪の全国図書館大会で集約されたように、現状では図書館に一生をかけようとする意志の有無がより基本的な条件であるとか、図書館に対する社会的認識のたかまりによって司書職の確立も容易になるとか。しかし、主観的な条件を外側から判断することには無理がある。司書という職業は図書館という組織体を離れてはあり得ないこと、組織体内に専門職業を位置づけるためには制度化が必然的に伴うことを冷静に認識する勇気が必要であろう。わが国の現実からすれば、制度化に外形的条件が伴うことは無視できない。

　そこで、我われの当面する課題は、さきにあげた4条件の整備ということになる。

　第1には、図書館学の水準の向上。特に体系化・理論化に努めなければならない。

　第2に、図書館学に基づいた司書養成課程の内容の充実。そのためにまず必要なのは、専門職業人として持つべき知識・技能の基礎水準を明確にすることであろう。そして、その水準に到達させるためのプログラムの確立である。この水準は、その修得者がどのような館種にも適応しうる幅広く高度なものでなければなるまい。また、養成のプログラムは学校教育の枠内だけで考える必要はない。こうした養成課程の充実により、より高い水準の司書が現場に送り出されることによって、始めて司書職制度を確立できると考えるべきである。

　第3には、公共図書館ばかりでなく、大学、専門図書館にも共通する資格制度を設けるとともに、最初から共通資格を設けることが困難ならば、基礎資格プラス特定館種資格という2段階制も考慮すべきである。JLAはこのような資格制度の実現にとりくむべきであると思う。古賀氏が指摘するように、専門職業人集団は専門職業人の養成・資格の認定・就業などに一定の規制力を持つべきので

あるから。

4. 司書に対する社会的要求

今年の6月訪問した中国の図書館界には、図書館員の資格制度など全く存在しない。図書館員の養成もわずかに北京大学と武漢大学で行なわれているに過ぎない。しかし、訪問した図書館ではどこも図書館学の専門教育を受けた人達がもっとたくさん配属されることを望んでいた。このことは、司書職制度の有無にかかわりなく、有能な図書館員、専門家として訓練された図書館員が社会的に要求されていることを示している。また、各図書館に配属されている図書館学部卒業生たちは、それぞれ高い専門家意識を持って働いていた。このような社会的要求こそが、司書職制度を成立させるもっとも基本的な条件であろう。

その意味で、山本信男氏が昭和52年度全国図書館大会に対する感想で「……ある職業がプロであるかどうかの判断は、その職業に従事する人達の意識・主張もさることながら、終局的には、その職業に従事している人達から、利益サービスを受ける人達によってなされるのが通常である」とするのは正しい。

今年8月中旬『朝日新聞（大阪版）』に次のような投書があった。稿の終りにこれを紹介することにしよう。

　　約3ヵ月前のこと、私は1冊の本を探すべく堺市立図書館を訪れた。その本についてわかっていることは書名だけ。著者はおろか、出版年月、出版者もわからぬ身元不明の本だった。司書の方に相談してみると、各種目録で探してくれたのだが、書名しかわからぬ故、見当もつかず、お手上げだった……ところが先日のこと、本がやっと見つかったので取り来るようにと電話があった…。3ヵ月もの間、1人の利用者の要望のために、こつこつと本のありかを探してくれた司書の方のサービス精神、プロ意識には全く頭が下がる思いである。……。

8 図書館員の専門性－その理念について

図書館問題研究会大阪支部報『図書館員の専門性と
図書館の自由：第4期　図問研塾報告』（1979.9）

　早くから主催者の方から頼まれていたのですが、うまくまとまりませんで、尻切れとんぼに終ってしまうことになるかもしれませんが、お許し願いたいと思います。ただ、この場は、図問研の集まりですから、一方的に話を聞くというのは、おもしろくありません。むしろ、私としては、話のきっかけを提供して、みなさんからの御意見を引き出すという役割を果せれば、むしろ非常にいいわけです。また、これをきっかけにして、他のいろいろな場で、みなさんがお考えになったことを発表していただけたら幸いと思うのです。
　全体の大きなテーマが、図書館員の専門性と図書館の自由だということです。この後半の方に関しては、私は、日本図書館協会の図書館の自由委員会の近畿地区委員会というのがありまして、そこのメンバーの一人ということになっています。この委員会から、御存知のように、図書館の自由に関する宣言の改訂案というものを発表しています。これについても、今晩、お話ししたいのですが、時間もありません。ただ、この改訂案は5月の図書館協会の総会に提案されますので、この改訂案についてもみなさんの御意見を、ぜひ、お寄せいただきたいと思います。
　さて、本論に入るのですが、どういう所からお話をすればいいのか、まとまりがつかないのですが、まず、図書館員の専門性とはなにかという問題につきましては、すでに、みなさんが御存知のとおり、JLAの方から、図書館員の問題調査研究委員会としての報告が出ていますので、みなさん御存知のことと思います。これそのものについて、とやかく言うのは、むしろ、もう少し先の各論の方にゆだねた方がいいと思いますので、今日は、より一般的なお話をし

たいわけです。

　これまでに私は図書館員の専門性について、4つばかり文章を書きました。すでにお読みいただいた方が多いと思いますが、一つは図書館雑誌の1967年の11月号に「プロフェッションとしての協会を」というものを書きました。これは、協会から頼まれてJLAはどうあるべきかということに対する意見を出してほしいということで書きましたもので、専門職そのものというものではありません。しかし、日本の図書館人の集まりの中で、会員が1000人をこえている団体が三つあります。すなわち、JLA、日本図書館研究会、図問研です。この三つが1000人あるいは、1000人をこえている団体なわけです。これら以外にも色々な団体はありますけれども、もう少し数が少ないか、より地域的であったり、特殊な関心に限られた団体であるということになります。そういう意味から申しますと、JLAというのは、すくなくとも日本において図書館人という一つの社会的職業を代表する団体であるということについては、まちがいのないことだろうと思います。ですから、JLAというものを、いわゆる専門職能団体として位置づけるべきであるということを主張したのが、この最初のものの主旨なのです。

　二番目は、多少前後しますが、図書館界の1970年5月の図書館員教育の特集の中で、図書館員の倫理という問題について書いた報告がのっています。これも間に合せに書いたようなもので、必ずしも評判はよくないのですが、ただ一つだけの取り柄といえば、先ほど申しました図書館員の問題調査研究委員会で、現在、図書館員の理綱領の問題を取りあげていますが、理綱領というものを、取りあげなくてはいけないということのきっかけの手助けをしたというぐらいの意味があったものと私は思っています。

　三番目には、1970年2月、図書館雑誌に、司書講習の功罪という文章を書きました。これは、みなさんの中にも司書講習で資格をお取りになった方が、たくさんいらっしゃると思いますが、司書講習というものが現在どんな意味をもっているかということを明らか

にしたいという主旨の報告です。

　四つ目としまして、ごく最近に、図書館雑誌の1978年11月にプロフェッションと司書職制度という報告をのせました。大体、この四つがオープンな形で、私の意見をのべたものの主なものです。

　これらをごらんいただいている方々は、すでに御承知だとは思いますが、この問題について持っております私の意見といいますのは、ある意味では、図書館界の中では少数派に属するということを、あらかじめ、御承知おきいただきたいと思います。

　なぜ少数派であるかということですけれども、先ほど申しました4つの内の最後の一つを除きましては、いわゆる専門性というものを中心に書いておりまして、職員制度については、あまりふれませんでした。制度の問題についてふれましたのは、四つ目が始めてであります。そういう点では、私はむしろ制度の問題そのものよりも、制度をささえるものについて、従来は関心をもち、今まで発言してきたということになります。

　ですから、私の意見を紹介される際に、プロフェッションとスペシャリストとを分けて考えるという考え方が適当なのかどうかということについて何人かの人から批判としていただいています。

　私は、それを区別する立場をとっています。その点では、明らかに、図書館界においては少数派の一員です。

　それからもう一つの問題は、プロフェッションという概念は、少なくとも、組織体の内部における職員制度の問題ではないという立場をとっております。それは職員制度の問題と関連はいたしますが、必ずしも、イコールではないという考え方をとっております。

　職員制度の問題でない専門職ということになると、どうなるかということですが、私はプロフェッションという言葉を専門職業という言葉であらわし（普通では専門職という言葉が一般的ですが）区別しています。そうなりますと、当然、横断的な職業概念であるという考え方です。

　横断的というのは、つまり、大学図書館、公共図書館、学校図書

館(専門図書館がどうなるかは問題のあるところですが)という館種をこえた一つの概念でなければ、プロフェッションという概念は成りたたない。公共図書館だけということになれば、一つの館種にのみ通用する職種ということになり、一つの職業にはなり得ないと考えるものの一人です。

　ということになりますと、当然、個々の館、一つの自治体の中における職員制度ということと、プロフェッションという概念はちがうものだと私は考えております。そういうあたりのことが、批判されている問題の一つです。ですから、そういう批判がどこから出てくるかを今日お話ししたいと思うわけです。

　次に、問題として、お話ししておいた方がいいと思いますことは、現在の時点で、なぜ図書館員の専門性が問題になるのかということです。その問題意識というものを考えておく必要があると思うのです。その問題意識というのは、一人一人が持つものですから、様々な問題意識があって差しつかえないのです。一つの問題意識だけが正しいということは、私も考えてはおりません。

　中には、特別に資格をもち、訓練を受けてきた人は、当然、ほかの人々とちがった待遇を受けてしかるべきであるという考え方が、専門職制ということを問題にする時に一つ出てきます。これが、図書館員の専門性ということを考える時の一つの問題点であろうと思います。すなわち一般職員と給与なり、労働条件が区別されてしかるべきでないかということです。そういう点で、専門性というものを問題にするという立場が一つあります。これは所得といっていいのかどうかわかりませんが、広い意味では、主として、所得の問題であろうかと思います。

　二番目には、図書館というのは、文化的な機関、あるいは、教育的な機関であるとされています。そういう文化的な、教育的業務に従事しているにしては、他の似たようなものとくらべて、社会的地位が必ずしも高くない、むしろ低いというように思う考え方、つまり社会的地位の問題ということで、専門性ということを問題にする

立場があります。

　三番目には、一番目と関連いたしますけれども、せっかく取得した資格なり、訓練といったものを長期にわたって生かしていきたいという考え方も当然出てきます。これは安定した自分の職業としたいという意識に言い変えてもいいと思います。つまり、安定した仕事を求める考え方の中から専門性を問題にするということであろうかと思います。

　四番目に出てくるのは、司書が専門職とされているのに、実際には、利用者あるいは住民と接触していく中で、必ずしも、その専門性といったものが、十分に生かしきれていない、あるいは、十分こたえきれていないという一種のあせりということになろうかと思いますが、そういうものも含まれているだろうと思います。これはむしろ、自分の知的な欲求といいますか、知的な内容の充実をはかりたいという欲求から専門性ということを問題にする立場であろうと思います。

　それから五番目には、利用者あるいは住民の図書館要求というのが、具体化あるいは顕在化してきております。それは住民の要求、すなわち具体的にこの本がほしい、あるいはこういうことについての情報がほしいという形をとるのが当然ですから、そういうものに対して、現在のような資料の洪水のなかでは専門家、あるいは、それについての訓練を受けた人でなければ、そうした要求に対応しきれないという問題があります。

　それは資料の専門家ですとか、いろいろな問題がからんでおりますけれども、まあ一般的にいってみれば、情報社会の現在の段階からして、そういうものに対応していくには、特別な訓練を受けていない人では必要な情報が探索できないということが、一面では出てきているかと思います。そういう立場から専門家として対応していくという必要がある。社会的要求といっていいと思いますが、こういう立場から専門性を問題にするということもあろうかと思います。

そのほかにも色々出てくるかもしれませんが、いくつかの問題から、立場から、図書館員の専門性ということが、現在、話題にされているわけです。

　ただ、今まで、なぜ問題にするのかという分析が、あまり十分には、問題にされてこなかったという気がいたします。

　ところで、そういう問題を解決していく方法として、必ずしもプロフェッションという形で、解決しなければならないということはありません。又、それが唯一の方法であるとは、私は考えておりません。いくつかの方法があるだろうと思います。

　プロフェッションを確立するという形で、今、申しましたような問題を解決してゆくというのも一つの方法であります。又、それ以外の方向もいくつか考えられます。その一つは、スペシャリストとして、技術的知識を提供していくという形で、こたえていくというのも一つの方向ではありうると思います。その点については、専門図書館にいる人々からは、知的内容、伝達方法などに技術的に対応できる能力をもった人々が求められているという声が出ています。そう意味からいいますと、そのような関心については、スペシャリストの方向から、問題を解決していくのも、一つの方向であろうかと考えられます。

　それから、もう一つには、図問研の多数の意見はこの方向にあるのだと思いますが、いわゆる民主的教育労働もしくは公務労働といったような立場からの意見というものがあります。この方向も、当然もっと追求されてしかるべきものだと思います。

　しかし、これら三つの方向、すなわち、プロフェッションとしての確立の方向、スペシャリストとして成立させていく方向、公務労働者として図書館員を位置づけていくという方向、この三つの方向は、必ずしも、ある部分では矛盾するところがあるかもしれないが、矛盾しない面もあります。(すなわち、かさなり合う部分もあります。)しかし、理念的に考えれば、この三つの方向は、一致しているとは、必ずしも、限らないということを頭においておく必要

があると思います。

　少なくとも、それだけのことを前提として専門性ということを考えていく必要があるだろうとみているわけです。

　いずれにしましても、どういう方向をとれば、住民なり、利用者なりにもっとも役立つかということが、より重要であって、この三つの内の一つの方向だけが、有効であり唯一のものだと考えない方が適当ではないかと、現在、思っているわけです。

　又、一つの目標に役立つということが、同時に、我々、現場における職業人としての図書館員が自分でも満足できる状況をつくり出すということも当然必要になってきます。この両面が必要であって、片方だけに片寄りますと、いわゆる聖職論議にかたむいたり、独善的になったりしかねなくなるわけです。

　そこで、この二つの条件をどのように組合せて、満足させる方向があるかが、専門性を考えるさいのポイントであると思います。

　最後に申しました民主的教育労働者あるいは公務労働者としての方向と、プロフェッションとの関係については、職業社会学の本ですが、「職業生活の社会学」（学文社）という本があります。この中に、東京都の社会福祉審議会が1973年9月に出した「東京都における社会福祉専門職制度のあり方」というタイトルの答申書が出ております。

　この答申書の中では、専門職概念を従来、考えられてきた概念では狭すぎるという批判的意見を打ち出しております。その批判とは、ミラーソンという人がプロフェッションの条件として掲げる6つの条件で、社会福祉専門職というものを考えるのは適当でないという批判です。

　このミラーソンがあげていますプロフェッションの6つの条件とは、特に目新しいものはありませんが、次のようなものです。
① 　一定の理論にもとづいた技術をもつこと。
② 　その技術を得るために、教育と訓練が必要であること。
③ 　専門職員になるには、一定のテストに合格して、能力が実証さ

れることが必要であること。
④　専門職業人は、その行動について倫理綱領をもつべきである。（倫理綱領を持つということはその人が提供するサービスの中身が均質化され、少なくとも一定のレベルが保障されること。）
⑤　専門職員のサービスというものは公共の福祉につながるものであること。
⑥　専門職業人としての組織をもっていること。

　こういう形のものが、従来、プロフェッションの条件であると考えられてきたわけです。それだけでいいのかということが、東京都社会福祉審議会あたりが問題にしていることであろうと推察できるわけです。その批判が、あたっているかどうかは、いろんな意見があろうかと思いますが。

　社会福祉専門職に関する答申の中で取りあげられているものは、社会福祉という仕事は主に大部分が地方自治体における仕事であるはずで、もちろん、民間の有志のボランティアサービスというものもありますが、公務労働の一環としてみなされるわけです。ですから、これに従事する職員は公務員の一部とみなされるわけです。

　公務員の職員制度として位置づけた場合、今、あげた6つの条件が十分に満たしうるかということが、一つの問題になります。実際に、社会的要求という方がより先行して、それに対応できる人達の養成なり訓練の方が立ち遅れているという現実の問題も含みうるわけです。

　そういうことから、その他にもいろいろあるだろうとは思いますが、今あげました①から⑥までのことが必ずしも現在のプロフェッションのおかれている段階において、必ずしも適合しないような専門職業もありえるのではないかというのが、この批判の中心だと思うわけです。

　そういうようなことからいいましても、先ほどのべました三つばかりの方向というのは、その内の何が、先の二つの条件をもっとも満たすものであるかは、もっといろいろな立場からの論議が尽され

ないと、一面的にはいいにくいと思うわけです。

　そこで三つの方向を考えます時の基礎的な見方をいくつか申しあげておきたいと思います。その一つは、プロフェッションというのは何なのかということをはっきりさせておくことが一つです。もう一つは、一つの組織体、公務員というのも一つの組織体ですから、公務員の中における職員制度というのも、組職体の中において、特定の分野を受持つ職員の制度であるとみていいと思いますが、職員制度の問題について、はっきりした認識をもつことが、いずれの方向をとるにしても必要なことでなかろうかと思うのです。

　先のミラーソンがあげています6つの条件というのは、今まで考えられたプロフェッションに関しては整理された考え方であると思われます。そういう条件を満たすものがプロフェッションということですが、だからといって、プロフェッションといのは、全部がすべて、医者も弁護士も裁判官も共通のものをすべて持っているか、あるいは、神父さん、牧師さんなり坊さんといった宗教家も持っているかとなれば、必ずしもそうはならない。現在、プロフェッションとして考えられていますのは、ずい分たくさんありまして、歴史的に確立していると考えられています宗教家、法曹人、医者という三つ以外に、様々な新興プロフェッションというものが沢山あります。

　そういうものをひっくるめるということになりますと、すべてに共通する条件というのは、現在、非常につかまえにくくなっているというのが現実であると思われます。

　職業社会学の方では、社会学的にプロフェッションというものを考えるさいには、やはり統計的数字を利用します。プロフェッションというものが、歴史的にどういうように増加してきたか、あるいはプロフェッションの中身はどういうように変化してきたかということを調査いたします。そういう際に、はっきりした定義がありませんとプロフェッションというものを数量化するためには困るわけです。そのため定義づけが必要なわけです。

　その定義の一つとして、外国のものを紹介してもあまり意味があ

りませんので、日本のものを紹介いたします。国勢調査の職業分類の中に、「専門的技術的職業」というものがありまして、そこでは「高度専門的水準において科学的知識を応用し、技術的な業務に従事するもの及び、教育、芸術、宗教、法律その他の専門的性質の業務に従事するものをいう」という定義づけがあります。

そのあとに「その業務を遂行するには通例として、大学、研究機関などで特殊の科学的・専門的分野の訓練又は、これと同等の背景を提供する実際的な経験あるいは芸術上の才能を必要とする」というつけ足しがあります。社会学的にプロフェッションという言葉が使われる時には、このように幅広く使われることがあります。

プロフェッションといいましても様々なものが含まれ、これについての考え方も十人十色で様々であるということです。ですから、先の6つの条件だけで考えられるものでないということにもなります。

プロフェッションが一律でないということになりますと、この中をいくつかに分類するという試みが出てまいります。この分類の仕方についてもいろいろあるわけですが、まあ普通、一般的に使われますのは、確立した専門職業、準専門職業、限界専門職業という三つに分けるわけ方がよく使われます。

確立した専門的職業というのは、先ほどからいっています三つのものに多少プラスされたものであり、それに近いものとして、図書館員とか社会福祉関係の人達が準専門職業として含まれ、限界専門職業というのは、先ほどの国勢調査の職業分類の方で話しました科学的知識を応用して技術的な業務に従事するものがそれにあたるようであります。

しかし、一つの職業がどれに属するかということは、議論はたくさんありまして、それをいちいち追っかけましてもキリがありません、まあ要するに幅の広いものであるということです。

もう一つの考え方としては、極端と極端とを理念づけるというやり方が考えられています。これが、11月号の図書館雑誌に私が書

きました中に引用した部分ですが、パーソン・プロフェッションと呼ばれているものです。

　それは個人の私的な領域にふみこむ権利を認められている職業ということです。そういう意味で、宗教家というのは、人間の心の中にふみこむ権利を認められているし、お医者さんは体にさわるあるいは、心又は、体の中でおこっている現象についてたずねる権限をもつということです。又、法律家というのは、その人の人権を守るということのためには、個人の秘密にわたる部分まで聞き出す権限を持っています。

　歴史的に伝統的に確立されたプロフェッションというものは、このパーソン・プロフェッションをさしています。すなわち、少なくとも何らかの形で、個人の内面に多少ともふみこむことが許されているような職業というものをさしている。

　そういう意味で、図書館員がそういうものにあたるか、あたらないかというようなことについては館種によって、いろいろな幅があるということを先の図書館雑誌で申しました。

　そういうものから新興プロフェッションとしてのテクニカルサイエンスプロフェッションと呼ばれています技術的職業（最近の公害問題や、いろいろの問題にかかわる人達も、このグループに属するだろうと思いますが）というような、もちろん自然科学ばかりでなく、社会科学的なものも含みます。たとえば、アメリカでは、会計士や広告代理業なども含まれるわけです。

　いずれにしても、プロフェッションという言葉には幅があるということを頭において、プロフェッションというもののイデアル・理念型としての共通理解をしておかないと混乱がおこるということに注意していただきたいと思います。

　次にみなさんが一番関心があると思われます専門職制、つまり一つの組織体の中において特定の分野を受け持つ職員制度について考えてみたいと思います。この場合には、そういうものを、普通、専門職制と呼ぶわけですが、これはプロフェッションとは別の職員制

度上の概念であるということは、先ほど申しました。それが従来のスペシャリストと呼ばれている中身に非常に近い考え方です。

専門職制というものも一定の資格というものを要求いたします。一定の資格を有する人々を、その仕事にたずさわるということを条件にして、雇い入れ、任用する。任用された以上は、その仕事にたずさわることが条件である。それ以外の仕事をさせられるのは労働協約に対する違反ということになります。

次には、職業人としては、当然、同じ仕事で、自分で希望しないかぎり、一生すごしうることが保障されること、その上、上位の職位、たとえば係長とか、課長とか部長とかに専門職として昇任しうる制度を確立することが必要である。

つまり任用と他の職種に異動させられないこと。上位の職への昇任が保障されているということ。この三つが専門職制度の場合に必要な条件である。この三つがそろっていない時には、不完全な専門職制度ということになります。

それともう一つ重要なことがあります。それは専門職ということは、プロフェッションの場合でも、スペシャリストの場合でも同じですが、常に新しい知識を取り入れて、その時点における最高の知識をもって、サービスを提供する義務があるということです。

そして、その要求から新しい知識なり、技術なりといったものを得るための研修制度が保障されることが当然のこととなる。この研修制度の保障というのは、むしろ、これらの人たちからサービスを受ける人たちに対して、その時点における最高の知識なり、技術なりにもとづくサービスが提供できるということでなければならない。

そのような条件を制度化するのが専門職制であり、その専門職制が確立することによって、他の職種との間で、給与条件なり所得の問題が適正に位置づけられ、人事管理のシステムについても共通の理解が成立することになるかと思います。

ところで、プロフェッションにしても、そうした理解をわかりに

くくしている条件というのがわが国には一つあります。それは、一つに限らないかもしれませんが、気がついたことで、どうしても申しあげておかなくてはいけないのは、みなさんもご承知のことだろうと思いますが、日本では残業という概念が、欧米の概念とちがうということです。

欧米での職業といえば、同一の業務に従事していれば、どこへ勤めようと、同じ職業であるとみなされます。たとえば、電気関係の技術職員といいますのは、会社にいても、官庁にいても、学校にいても、どこでも同じ業務に従事している範囲では同一職業であるとみなされます。

しかし、日本では、一方では会社員であり、一方では公務員であるというような形で、会社員、公務員という肩書が職業とみなされます。そこのところに日本と欧米との制度の比較の際に混乱のおこる原因が一つあります。

日本のように生涯雇用という形が一般的であり、最近多少流動的になったとはいえ、一度そこに入ったら一生保障されるという形の職業観が支配的な社会では、そういう横断的な職業観というのが育ちにくいということがあります。

少なくともスペシャリストにしましても、プロフェッションにしましても、そういう勤務先の社会的流動性が保障されていないと職業という概念が育たないわけですから、そういう中では、プロフェッションもスペシャリストも育ちにくい。欧米におけるようなそういう概念は育ちにくい。ですから、日本では一つの組織体における職員制度という枠の中でしか物を考えない。一つの組織体の中で専門職として認められたものが、必ずしも他の勤務先では、専門職とはみなされないということがいくらでも起こる。

たとえば、司書というものもその一つであり、現実に、たとえば、私が以前、勤めていた大阪市あたりでは、一応、司書職というものが完全な形ではありませんが、一応、専門職制度というものがありますけれど、それが、どこの図書館へ行っても同じ条件で司書

として認められるかというと必ずしもそうはならない。一度専門職として格づけされたら他の図書館へ行っても同様に格づけできるということが社会的に成立していなければ、制度としては、完全なものとはいえない。そういう意味では、一つの自治体の中で、いくらつくり出しても完全なものとならない。

ですから、専門職制度というのは個々の自治体の中で、確立するばかりでなく、それがすべての地域に同一の条件で確立し、その間に、少なくとも、職員の異動といったものが保障できるという形にならなければほんとうに専門職制度というものが確立したとはいえないことになります。

今まで、プロフェッションとスペシャリストというのは、非常に共通な部分があるということを申してきました。それならばそのちがいがどこにあるのかということですが、それは図書館雑誌の中で、概念上のちがいということで申しました。一つは職員制度の問題ですし、もう一つはいわゆる職業上の概念という形で、職業上の概念を組織の中にもちこむためには、なんらかの形で、制度化される必要がありますが、本来プロフェッションというのは、自立的な職業ですから決して制度化されなければプロフェッションでないということにはならない。ただ、現代社会の特色として雇用されたプロフェッションが増えているのは事実で、その意味からプロフェッションの自立性が問題となってきていますが。その点の違いを図書館雑誌の中で、指摘しておいたつもりです。

ですから、そういう勤務先の待遇上の流動性、同一職業内の流動性ということを保障するために、専門職業人としての全国的な組織より広い組織を通じて、そういうものが確立される必要がある。

それから、できるならば、どこの図書館においても労働条件なり給与なりにあまりちがいがない。つまり均質化される必要がある。均質化するといいましても、全部を一律の号俸にしろといっているのではなく、ほぼある一定の幅の中に収まっているということも、やはりプロフェッションなりスペシャリストの制度化を成立させる

115

重要な条件になりうると思うのです。
　もちろん、その前提としましてはその職務を遂行します能力について一定のレベルを保障するということが、もっとも基礎的な条件になります。
　ですから、最低、職務逐行の上での一定のレベルを保障するということから、全国共通の資格制度とか試験制度というものを生み出す必要があるわけです。
　ですから、そういう意味で、プロフェッションというものを考えるさいに三角形の形で考えますと、一つの頂点が、職業についての社会的通念が確立していないとプロフェッションを制度化するための条件が弱くなるということ。二つ目の頂点は、逆に、社会的通念を制度の面からささえるということも社会の条件の中ではありうる。すなわち、制度の面です。三つ目の頂点は、専門化としての意識、すなわち、職業人がもつ専門職業人としての意識です。この三つが支え合うという形で、このプロフェッションなり、スペシャリストが成りたたねばなりません。
　この意識をささえるということの中に、職業としての訓練というものが、重要な位置をしめ、訓練にともなって得られます職務逐行上の能力というものがあり、さらに重要なものは、公共への奉仕という理念です。
　この三つが、専門職業人をささえる意識の条件ですが、この最後の公共への奉仕という概念が、むしろ、スペシャリストとプロフェッションとを区別するものであろうと私は考えているわけです。ただ、何を公共とみるか、パブリックとみるかは、又、いろいろ議論があり、問題を含むとは思いますが。
　最後に考えるのですが、司書職制度を確立する過程は社会的通念としてのプロフェッションという考え方、理念と、その司書職制度という制度の問題と、図書館業務に従事している職員の意識の問題という三つの要素のからみ合いと捉えていいのではないでしょうか。

9　図書館員の新しい学習課題

『図書館雑誌』68巻4号（1974.4）

1　はじめに

　図書館員は「読者（利用者）と図書（資料）の媒介者である」という、言いふるされた定義をもう一度再確認することから、この小論を始めたい。

　媒介者であるためには、図書館員は何を知り、何を身につけていなければならないか。この問いは、専門職業の内容を問う一方、その職業にあるものが常に心がけなければならない研修＝学習の中味を問うものでもあろう。

　図書館が住民＝利用者の学習権を保障しようとするなら、たえず変化し進歩する社会に対応してゆけるよう、図書館員は自から学習を続けなければならない。

　さて、その学習の内容であるが、清水正三氏は『公共図書館の管理』[1]のなかで、「一般的に恒常的に研修しなければならないテーマ（として）図書に関する研修、接遇に関する研修、図書館の基本的機能に関する研修」の三つをあげている。また、中村初雄氏は「図書館員の理想像」[2]のなかで、必要な能力として（1）図書（資料）に関する知識、（2）人（利用者・潜在的利用者）に関する知識、（3）図書と人を結びつける技術の3項目をあげている。

　図書館員が媒介者であるかぎり、媒介する対象と物〈つまり読者と図書〉を知らなければならず、また媒介者自身のことを知る必要から図書館の基本的機能および技術を追求しなければならない。それらの内容、特にその相互関連と、学校教育〈養成課程〉以後の現職者研修のなかでそれらがどのように取扱われるべきかの意見をのべ、次に展開される研修の諸問題の序論としたい。

2　図書に関する知識・技術

　図書館員が知っておかなければならない図書に関する知識や技術には、次の四つがある[2]。

　第一は、図書が人類社会で果してきた文化伝達の役割について正確な理解と深い信頼を持つことである。

　これは図書館学教育の基本課題であるという観点から、ここではふれないことにするが、現職者にも松岡享子さんの書かれた「子どもを『読む人々の陣営』へ（図書館雑誌　Vol.60　No.6　p.214-15）を、ぜひ読んでいただきたいと考える。

　第二は、具体的にいろいろな図書の内容を知っておくことである。近頃のデパートや商店の店員に商品についての知識がとぼしいことがよく指摘されるが、図書館員が同様であってはとても専門職業といえないであろう。

　公共図書館では、「貸出しを伸ばす」運動のなかで早くからこの問題が指摘され、いろいろな取組みがなされているが、多くの場合児童図書に限られている。これを各分野にひろげてゆくことが今後の課題であろう。

　しかし、このような提言に対して、次のような反論が予想される。①すべての分野にわたって全出版物に目を通しその内容を知ることは、質的にも量的にも個人の能力を超える。②自分の興味のない分野では、そのような努力を持続することは非常に困難であり、かりに努力をしても、その主題に関係のないところに配置がえさせられれば、その努力がむだになる。③そうした読書のための時間や、図書入手の機会が制限されている。図書館員も普通の人間である以上、すべての分野にわたってそうした知識を要求されることは明らかに不当である。それならば、複数の図書館員が分担しそれに対処するほかはない。そうした分担・協力関係が組織されたものが、組識体としての図書館ではないか。また「森羅万象・古今東西」というコトバがあり、図書館は生きた百科事典といわれるにし

ても、個々の図書館をみるなら、その奉仕対象や分野はいろいろな理由で限定されていて、決して宇宙のすべてを取扱ってはいない。その限定はもちろん図書館員の恣意によってではなく、図書館の設置主体の意思と利用者の要求によって行なわれるものであって、その意味でも利用者に関する研究は非常に重要である。

　自分の興味と仕事上の学習の関係については、さきに日本図書館研究会が開いた「図書館学教育を考える討論集会」において西田博志氏が次のように発言している。

　　先年『児童書文庫に児童書専門司書を』という住民要求があった。その時の職場の反響として、自分は児童書に興味もないし、今さら勉強しようとも思わない、だからほかへかわらされるのではないかという声があった。しかし直接の担当者の中ではしごく当然の要求だとうけとめた。この違いを考えることが重要だ。児童文学の知識はたしかにあった方がよいが、我我は児童文学が好きだから勉強するのではない。住民がそのことを求めているから、住民の学習権を保障するという役割をもっているから、お母さんたちとも一緒に学ぶのだ。その観点がないとただ本を読んだらよい、時間中に読めないという十年来の議論に堕してしまい問題の位置づけができない。」[3]（傍線筆者）

　図書の内容を知るとは、最近出版された本に目を通すとか、その分野の基本的な文献を読むとか、参考図書や資料集の内容に精通しているとかいろいろある。図書館学教育においては、主として節2・第3の知識を養うことに重点がおかれようが、現職者研修においては不十分な養成課程の欠陥を補うとともに、特に第1の点に重点をおいたプログラムをたてる必要がある。

　また、図書館員のための解説つきブック・リストとか文献解題なども、図書館の相互協力事業として取上げてほしい、そうした教材を使った研修が企画されてもよい。職員の多い大規模館では、かつて大阪府立図書館において行なわれていたような分野ごとの文献研究の研修会が組織され、職員は必ずどの分野か一つを選んで参加

し、継続的な研修ができるシステムを工夫してほしい。職員の少ない館でも読書会や論講方式などで図書を知るための努力を奨励することはできないだろうか。

　第三は、図書や資料を上手に使いこなす技術である。図書を効率よく読む読書術、辞典や年鑑などを使いながら本を読み情報をまとめる調査技術、統計資料の読みかた、外国文献の読解力、視聴覚資料の利用法などさまざまある。これらは、基礎教育の段階を含めて主として図書館学教育のなかで訓練されるべき事柄であろう。

　第四は、必要な図書・資料・情報を探索する技術を身につけていることである。探索のなかには、必要なものを見つけだすばかりでなく、それを入手する手段を知っていることも含まなければならない。さきにあげた、第2・第3の知識・技術の面では、各主題の研究者などの専門家に一歩をゆずることが多いかもしれないが、この資料探索の技術に関しては主題の専門家を超えてその信頼をかち得るだけの能力を備えていなければならず、以上の四点を総合的に身につけていることで、図書館員は社会で初めて専門職業としての位置を占めることかできることを忘れてはなるまい。

　資料探索の技術は、図書館学教育の段階でまず組識的な訓練をしなければならないが、職場に入ってからも日常の利用者との接触、情報源に関する知識の収集などを通じて常にみがかれ、深められなければならない点で、現職者研修の重要な課題のひとつであろう。

3　利用者に関する知識・技術

　図書館員は、読者と図書の媒介者であるといいながら、もっぱら媒介の手段についてのみ関心を向け、媒介対象と媒介物について十分な注意をはらってこなかった。

　それでは利用者について図書館員は何を学習すべきかと問われても、はっきりした内容が浮んでこない。それほど利用者について知ることに怠慢であった。おそらく図書館学教育において、利用者に関する研究成果を学生に伝えようとしても、その蓄積の無さに困惑

するのみではないか。アメリカのシカゴ学派の長年の社会調査に基づく実証の積重ねに脱帽するのはそうしたときである。

　これが現実であるとするならば、私達は他の分野における業績を借りながら、現実の図書館活動のなかで利用者を知る努力を積重ねるほかはない。貸出状況・予約サービス・カウンターでの対話などを通じて、利用者の具体的な要求を知り、その知識を共通のものにできるよう組織化することなどは、日常の研修のもっとも良い材料であるし、そうした実践のなかで利用者と応対しその求めているものを適切に引出してゆく面接技術などの訓練もなされよう。利用者を知るということには、中村初雄氏も指摘しているように潜在利用者に関する知識も含まれなければならない。その意味では、単に日常接触できる人々を通じて得られる知識のみでなく、社会の歴史的認識・現実の社会科学的認識も欠かすことができない。こうした面を現職者研修で取上げることには困難もあろうが、清水正三氏のいう図書館の基本的機能に関する研修などと関連させれば成果があると思われる。たとえば、社会教育法や図書館法改正問題などの学習でこうした問題を取上げている例がある。もちろん、館外における研究団体等における研修活動はより自由であろう。媒介手段に関する研修も現状では十分でないことはもちろんであるが、これまでにあまり取上げられていない面についてのべているうちに紙数がついた。続稿はまた適当な機会に譲ることにする。

注
１）シリーズ・図書館の仕事３　日本図書館協会　1971　p.90
２）現代の図書館　Vol.9　No.2　日本図書館協会　1971　p.128
３）図書館界　Vol.25　No.2　日本図書館研究会　1973　p.48

10　主語と主体

『図書館雑誌』88巻8号（こらむ図書館の自由）（1994.8）

　「自由宣言1979年改訂」は、「図書館は」という語で始まり、終始文章の主語は「図書館」になっている。1954年に採択された旧宣言が、「我々図書館人は」として、図書館員を主語としていたのとは異なる。これは、79年宣言の主要な改訂点のひとつである。

　それを宣言の発展とみるか、後退とみるかについては、館界のなかに意見の相違がある。発展と考える人々は、図書館は機関として国民に奉仕するのであるから、機関の姿勢を示す文書としての自由宣言は、当然図書館が主語であるべきだと考える。一方、図書館員こそが主語になるべきだと主張する人々は、現実の態勢のなかでは、図書館の自由を真に理解している図書館員（それが少数であれ、多数であれ）が組織内で強力に主張し、実践しなければ、図書館の自由の発展はありえないと強調する。主語は実践主体であるべきと把握する点では共通しているが、実践主体の捉え方で意見を異にする。理念派と現実派の対立ともいえようか。

　この二つの意見を止揚するには、それぞれの図書館において管理職を含む全図書館員が自由宣言を学習し、宣言の主語を真の実践主体に変えていく努力を重ねるしかないであろう。突発的に発生する事態に誤りなく対処するには、日頃の全職員の意見交換と意思統一が欠かせないし、日常の業務を自由宣言の観点から見直すことも、現場の職員の意識改革なしには行えない。また、図書館の設立主体を含む管理者や外部からの圧力や干渉に対応するのは主として館長を始めとする管理職の方々であろうが、日頃なにかと協力や授助を仰いでいる人々に、反論し抵抗するためには、つねづね図書館の自由についての理解を求めておく事前の行動が必要であろう。管理職の方々の学習が、特に必要とされる所以である。

現実派の皆さんに希望したいことは、全国大会や地域の図書館員の集まりよりも、職場のなかで図書館の自由についての学習活動を展開することに努めていただきたいことである。つまり、図書館の自由の実践主体を図書館全体に拡大することを目標にしていただきたいと考える。

　理念派の方々は、社会の新しい動きのなかで自由宣言の理念をいかに捉え直すかを明確にする努力をしていただきたい。例えば最近地方自治体に個人情報保護条例制定の動きが高まっているが、それと自由宣言のなかのプライバシー保護条例との関係はどう考えるべきなのか。

　学習の積み重ねのなかで自由宣言の主語が、ほんとうに自由宣言の実践主体として育っていくことを期待したい。

11　富山県立図書館の図録非公開と資料損壊事件について

－ある自画像の受難：富山県立近代美術館・図書館事件－

『ず・ぽん』no.1（1994.7）

　富山県立図書館における図録非公開の問題については、日本図書館協会の図書館の自由に関する調査委員会の一員として問題の当初から係わってきたが、この小論では委員会の立場を離れて、個人的見解を中心に執筆することにした。委員会活動の過程で得られた情報や認識によるところが大きい。

なにが問題なのか

　この問題は、1986（昭和61）年に富山県立近代美術館において開催された「'86富山の美術」展覧会に展示された大浦信行氏の版画作品に発端する。

　この作品のなかに、昭和天皇の肖像を他の素材と組み合わせた作品が含まれていたことが、県民に不快感を与えるとして問題になり、主催した美術館において作品の展示・観覧を停止した。

　その後、この展覧会にあたって作成された展示作品の図録が問題とされ、その図録が同県の県立図書館に収蔵されることで、問題が図書館に波及した。

　こうした経過から、この問題を検討する観点には三つの観点が生じることになった。その第一は美術作品における表現の自由の問題であり、第二は作品の複製物ではあるが作品とは独立した刊行物としての図録の取扱いの問題であり、第三にはその図録が図書館資料となったことによる図書館資料の公開の問題である。

　第一の美術表現の自由の問題は、問題とされた版画作品が、ある

思想・信条を持つ人々には天皇の尊厳を傷付けるものと理解され、その公表・展示が容認できないものと受け止められたことによる。そうした立場からすれば、展示・観覧を差し止めることで美術表現の自由を侵害した事件であると捉えることができる。

　第二の問題である図録の取扱い問題は、作製・頒布者である美術館が作品と図録は一体のものであるとして、公の刊行物であるにかかわらず、その頒布を停止し、残部を破棄することによって出版の自由を侵害するという問題に拡大したことである。

　第三の問題である図書館での資料非公開問題は、その展覧会図録が図書館資料として収蔵され、利用に供される段階において、同図録の編集刊行者である美術館から公開しないでほしい旨の要請を受け、この要請に基づいてその時点における社会的状況を考慮し、公開を当分のあいだ中止する措置を取り、これにより利用者の閲覧要求を拒否したことである。図書館が、その一連の行為により図書館資料公開の責任を放棄し、図書館の自由を侵害した事件であると把握することが相当である。その後、図書館が公開停止の措置を解除し閲覧に供したことによっても、その責任を免れることは困難であろう。

　このようにこの問題は、表現の自由の観点からすれば、美術表現の自由、公の刊行物に関する出版の自由、図書館の自由の三点の侵害事件であると整理することができる。そのようにとらえるならば、全体として今回の問題に関する最大の責任は美術館にあると指摘せざるを得ない。

　しかしながら、美術表現の自由の問題については、他に適切な論者がいるであろうから、この小論では、図書館の自由との関係と、これに関係する範囲での出版の自由に論点をしぼることにしたい。

　この問題の経過を観察して明らかになったことは、図書館における資料の公開がときによっては容易ではない場合があることである。具体的には、公開する資料の内容により、その存在を容認できないとする非寛容な利用者が存在するということ、図書館の資料公

開という社会的責任と資料の保存というもう一つの歴史的責任のあいだに矛盾が生じる場合があるということである。

以下、この課題について検討してみたい。

図録をめぐる問題

図書館の自由にかかわる問題の検討のまえに、今回問題となった図録について考えておきたい。この図録は、公立の機関である美術館が公費により編集・刊行・頒布した公の出版物である。公立図書館では、こうした出版物を地方行政資料とよび、その収集・提供・保存を特に重視してきた。図書館法においても、第三条にそのことがうたわれている。

〈図録の編集・刊行の意義〉

公立美術館の展覧図録、収蔵品の図録は、一般に公費により制作、刊行される。刊行は外郭団体に委託する場合もあろうが、編集責任は美術館にある。そして公の刊行物として、不特定の愛好家に有料又は無償で配布されるのが一般的である。作品に直接接することのできる鑑賞者は限られるのであるから、図録の果たす役割は美術愛好家に作品鑑賞の機会を広げる意味を持ち、刊行はそれを目的としているはずである。そのためにも刊行された図録は図書館その他の公的機関で広く利用に供されるのが望ましい。

また、こうした図録は作品鑑賞に役立てるばかりでなく、その美術館の活動の記録としての意味も持っている。したがって図書館では、地方行政資料として収集し住民の利用に供するとともに、地方自治体の記録として保存し、将来の歴史資料としての利用に備える目的も持っている。

〈公の出版物の刊行〉

地方行政資料は公費で作製され頒布されるものであるから、住民は誰でもそれを入手するか閲覧するかができなければならない。も

ちろん、作製部数に限りがあるからいつでも、どこでも、というわけにはいかないが、自治体の行政資料センターか図書館で閲覧できるようになっていなければ、公の出版物としての意味がない。情報公開の趣旨からいっても、公の刊行物の公開は必須である。

　著作権法からすれば、出版物の著作者は複製権の保有者であるから、それが地方自治体であってもその出版物の流通規模を限定し、部数を限る権利を保有している。しかし、それは必要以上の部数の作製をしないということを意味し、公の出版物の場合、頒布しなかった残部を破棄処分することは、公費の乱用として住民からの監査請求の対象となりうる。もし、出版後、内容に不適切な部分が発見された場合、これを訂正することは著作者の権利であるが、これは改訂版の発行によって行うべきであって、発行済みのものに手を加えることによって行うべきではない。これは、出版者の社会的責任であると理解されている。

　また、いったん頒布されたものは、その所有者の自主的な処分利用に供しなければならない。それに干渉する権利は、著作者といえども保有しない。出版物は、出版者の手を離れたものはひとり歩きすることを容認しなければ、出版の自由は成り立たないという前提がある。

　この事例において、図録の配布が禁止され、一部の配布済みの図録の該当個所が削除され、さらに保存されていた未配布の図録が破棄処分されたというが、こうした措置は、その経過からみて美術館の自主的な判断に基づくものとは理解できず、外部からの干渉によってそうした措置がとられたと判断される以上、これは明らかに出版の自由に対する干渉の結果生じたものと捉えることが相当であり、これらの措置は地方自治体における情報公開の趣旨に反し、また公費乱用と見なされるおそれがあり、さらに出版者の社会的責任を放棄し、展覧会の記録の隠滅に繋がりかねない暴挙であるといわざるをえない。

　かくして、美術館は外部の干渉を受け入れることにより、結果的

に出版の自由を侵害したと認定されるのである。

図書館における非公開決定とこれに伴う措置

　図書館における非公開の決定は、美術館から図録寄贈のさい非公開にしてほしい旨の要請があり図書館としては当時の社会状況を考慮し、この要請を受け入れて非公開を決定したとされている。この非公開決定は「書庫内別置として保存し、当分の間一般の閲覧・貸し出しをしない」というものであった。

　この決定に基づき、1987年11月13日小倉利丸氏の閲覧請求を拒否したのであるが、この非公開決定と閲覧請求拒否にはつぎのような問題があると日本図書館協会図書館の自由に関する調査委員会は指摘した。
(1) 非公開決定にあたって、読書の自由との関係がどの程度考慮されたのか明確でない。
(2) 図書館では図録の保存を重視して非公開にしたいというが、図録は「自由宣言」にいう非公刊資料ではなく、非公開の要件には該当しない。
(3) 美術館からの要請に対して、図書館における公開原則に理解を求める努力をしたかどうか明らかでない。
(4) 全面的な非公開の措置が事実上取られたと推定されるが、条件付き公開にできなかったのか。
(5) 将来、非公開措置を解除・緩和するときの条件が明らかでない。
(6) 行政不服審査法による審査の政治的効果に対する姿勢が明らかでない。

　その後の事態の推移からすれば、必ずしも適切でない部分も含まれているが、当時としては重要な論点は一応網羅していたとしてよいであろう。

　しかしながら、この指摘・検討の段階では、委員会は利用者の手による該当資料の損壊が生じることは予想していなかった。図書館

が資料の損壊を恐れて公開をためらわざるをえないことを指摘していたにもかかわらずである。この点では、不明を恥じるほかはない。

この問題は、さきに指摘した不寛容な利用者が存在するという認識と、図書館の資料保存という歴史的責任と資料公開という社会的責任の関係についての解明という課題を提起する。

また、条件付き公開の方法の存在を指摘しているにかかわらず、その具体的な方法について明確な形が想定されていたとはいいがたい。条件付き公開が結果として利用者の差別につながらないかどうかについての共通理解がいまだ成立していなかったからである。

そうした不充分さはあったとしても、資料の非公開という措置の重みと問題性を指摘した意義は大きかったと理解してよいであろう。

〈非公開措置の解除〉

図書館は、1990年3月22日「館内閲覧に限る。複写は禁止」という条件のもとに、非公開措置の解除にふみきった。その結果、周知の資料損壊事件が発生したのである。

行政不服申し立てに対する審決においても、図書館資料の利用方法を決定する権限は図書館長に委ねられていると明示しているように、非公開措置の解除は館長の裁量事項である。したがって、問題は、解除の時期、解除後の資料提供方法が適切であったかどうかにしぼられよう。なお、行政不服審査の対象となった処分は、1987年11月18日の小倉氏の閲覧請求に関するから、その後の措置を拘束することはない。

問題を含む措置の解除は、一般論としては早いに越したことはないが、現地における直接的抗議行動が当面鎮静化し、社会的にも天皇制に関する論議が比較的冷静になってきた時期と判断したのであろう。その判断が誤っていたとは考えられない。

資料提供の方法については、やや配慮が不充分であったと考えら

れる。この問題をめぐる当初の右翼の行動をみても、異なる思想の存在を容認しない不寛容な人々の存在は十分予測できたはずである。その行動までは相次圧できなかったとしても、当初「資料の損壊を防ぐ」ことを非公開の理由の一つにあげざるをえなかった図書館としては、段階的な公開あるいは保護措置を講じるべきではなかったか。

　提供に当たって、利用を申し出た者から資料損壊をしない旨の確約書を提出させるとか、閲覧場所を指定するとか、携帯物を制限するとか、資料の複製を作製して閲覧は複製により、原本は原則として利用に供しないとかいった各種の方法を考えることができよう。

　「思想の寛容」の理念がすべての人々に理解され尊重されることが、図書館の自由の成立には不可欠であるが、それを前提とした無防備な提供でよいという考えは、非寛容な人々の存在という現実を無視した主張であることを、理解しなければならない。

　資料の保存は、図書館の重要な役割の一つである。保存は利用のためであることは論をまたないが、資料の存在のしかた、その重要性などにより利用がある程度制約されることがあるのはやむをえないところであって、歴史資料や貴重書の場合、多くの図書館でそうした方法が採用されている。現代の資料においても、一部しか存在しないとか、他の場所では利用が不能な資料のばあい同様な措置が採用されてもよいのではないか。図書館の将来に向けての資料保存という歴史的責任からすれば、こうした保護手段は現代資料にも当然適用されるのである。

〈損壊事件後の対応〉

　非公開解除の初日、資料損壊事件が発生した。これに対する対応として、県は器物損壊として告訴し、被告側の控訴、上告により裁判が継続中である。また、図書館では被害にあった資料の修復に努め、利用が可能な状態になれば再び公開したいという姿勢を維持している。

その間に、美術館が保管していた図録の残部を破棄処分するという事態が生じた。美術館は、図書館の資料保存の責任を理解するならば、残部のなかから、あらためて図書館に寄贈し、県民の利用と美術館活動の記録を残すことに協力すべきであったと思う。美術館は、これによって出版の自由を侵害する行為を重ねたと非難されてもしかたがない。

　聞くところによれば、県の関係部局に保存されている図録、美術館の図書室に所蔵されている図録も当該部分が削除されているという。それが事実とすれば、完全に原型をとどめて保存されているのは、公的な機関としては国会図書館のみということになるのであろうか。

　今回の資料損壊事件は、個人の思想・信条に基づく表現の自由の侵害行為である。個人がいかなる思想・信条を持つかはその人の自由であるが、他人に特定の思想・信条を強制する権利は存在しないし、保護されていない。どのような表現物であろうと、それを隠滅したり損壊したりして表現の流通を妨げる行為は、明らかな表現の自由の侵害である。こうした個人による表現の自由の侵害行為を処罰する成文法は、現在のところ存在しない。今度の事件を契機に、そうした法制度の整備を主張してもよいと考える。

　この事件のような思想・信条に基づく表現の自由の侵害の場合、犯人の器物損壊の罪を問うだけでは、こうした事件の再発を防ぐことは困難であろう。

思想の非寛容と図書館の自由

　誰でも、自己の思想こそが正しいと考えたがる。それと異なる思想の存在に出会えば説得するか、無視するか、消滅を願うかの行動をとるであろう。相手が人間であれば殺人まではしないであろうが、表現物のばあいは容易にその消滅の手段を講じる可能性がある。

　表現はそれを生み出した人間の分身であり、それを傷つけること

はその表現を生み出した人間を傷つけることと同じである。表現物に対する反論は表現で行うという原則は、そうした考えから成立した。これが表現の自由の基本概念である。図書館の自由も、そうした表現の自由を基礎として構成されている。思想・信条に基づく図書館資料の損壊行為は、表現の自由に対する暴力による挑戦であると捉えるべきであろう。

　しかし、図書館が活動している現実の社会には、そうした思想・信条に対する寛容の持主ばかりが存在しているわけではない。不本意ながら、非寛容な人々もまた社会の一員なのである。図書館が様々な保護措置を講じながら、図書館の自由を通じて、表現の自由の実現に努めなければならないという悲しむべき現実に当面しているのである。

12　富山県立図書館図録問題の新展開

『ず・ぼん』no.3（1996.9）

　富山県立図書館の図録問題が新たな局面をみせた。しかも、今回の問題が図書館の主体的な行動によって引き起こされたという点において、これまでの経過とは異なる性格を持っている。最初の問題発生時、日本図書館協会の図書館の自由に関する調査委員会の全国委員長を勤めていた関係でこの問題に関わって以来、関心を持ち続けてきた私としては、今回の同館の行為に対しては、強く抗議の意志を表明せざるをえない。

　今回の問題の経過　昨年（一九九五）九月、かねて係争中であった図録損壊問題に対する最高裁判所の判断が示され、上告棄却となった。これにより、図録を破った被告の有罪が確定し、証拠物件として裁判所が保管していた当該図録が図書館に返還されることになった。

　ところが、裁判所に出向いた同館の中野義之館長は、図録の受領を拒否し、その所有権を放棄した。報道によれば、館長がその理由として挙げているのは、次の二点である。

1　図録をめぐって相反する意見の対立があり、これを所蔵することは管理運営上の支障になる。

2　破損した部分が大きく、修復することが困難で、図録としての価値が失われている。

　この所有権放棄は、県の事務決裁規程により館長に委ねられている権限によって決定したものであるとしている。この決定は、館長自身の判断によって行なったと伝えられているが、官公庁の通常の意思決定の過程からして、当然上部機関である教育委員会の関係者等と協議したうえでの決定であると推定できる。

　さらに、その後明らかになったことは、この図録問題及び問題と

なった美術作品に関する出版物は、図書館資料として収集・所蔵することはしないという方針を決定したということである。

問題点の整理

まず、今回同館がとった措置についての問題点を整理しておきたい。

第一に問題として指摘しなければならないのは、館長の当該図録の所有権放棄が、結果として図録損壊を行なった犯罪者の行為に荷担することになったという点である。

第二としては、館長は、この破壊された図録そのものが持つ歴史的な資料価値を評価することを避けているという点である。この点は、この一連の事件に関する資料の収集・保存をしないという方針をあわせ考えるならば、事件そのものに対する歴史的な認識が欠落していることを意味する。

第三には、資料の損壊を器物毀損事件として裁判所に提起した県の姿勢と、館長のとった措置の間には明らかな矛盾が存在するということである。

第四には、証拠品としての図録の返還にあたって、これを受領せず所有権を放棄するという措置をとったことは、県の事務決裁規程の趣旨からしても適正な措置とはいいがたいという点である。

第五には、図録の損壊事件が発生した際、県議会は「かかる事件が二度と繰り返されることのないよう、関係当局において断固たる措置をとるとともに、表現、言論の自由と民主主義を守り抜く決意をもって臨むことを改めて表明する。」と決議しているにもかかわらず、この決議の後段の趣旨を無視したことである。

問題点に対する批判

●**第一の問題点について**

図録の所有権を放棄することは、同県において公的機関が所蔵する同図録が存在しなくなることを意味する。まして、図書館という

県民に資料を公開する機関の資料の存在を否定することは、県民の目から同図録を消滅させることと同様である。

国会図書館が所蔵しているではないかという意見に対しては、印刷・刊行された資料は複数存在することが当然であるというべきであり、それをできるだけ利用者の身近かに存在させることが図書館の基本的役割であると考えるべきであろう。

同図録が同県の公的な図書館から消滅して、利用者が閲覧できなくなることは、図録の損壊事件を起こした犯罪者の意図したところであり、同館がとった今回の措置はこの犯罪者の意図を実現したことになろう。

●第二の問題点について

今回の一連の事件は、富山県の近代史に記録されるべき重要な事件であり、その事件をもっとも端的に示す歴史記録が、この破損した図録であることはいうまでもないが特に強調されるべきである。

したがって、歴史的観点からするならば破損したまま保存されるべき史料であるが、これが唯一の図録であるという面からすれば、それをできるだけ修復して保存することが要求されることになるのである。

なお、この問題に関連する他の資料も一切収集せず、したがって利用に供さないということであるが、これは「郷土資料の重点的収集」という同館の資料収集方針に反し論外である。特定の資料の収集を行なわないということは、自由宣言の「収集の自由」の項の副文第2に明らかに抵触する。

こうした姿勢は、図書館の歴史的任務を全く理解しないものであり、館長の歴史認識が疑われる。特に資料の消滅をきたすような措置は、図書館そのものの存立基盤をあやうくする行為であると非難されるべきである。

● 第三の問題点について

　犯罪者の行為を器物損壊罪にあたるとして告訴し、公判を経て有罪が確定した。この一連の訴訟行為が県の公費によって行われたことは、民事訴訟による現状回復の請求が含まれなかったとはいえ、判決の後には、当該証拠資料の返還を受け速やかに修復して通常の状態を確保することが期待されていたというのが、県民の常識ではないか。この期待に反して証拠品の所有権を放棄するのは、明らかに常識を逸脱する行為であり、この裁判は犯罪者を処罰することと、その行為が違法であるいうお墨付を裁判所からもらうことを目的とし、これによって管理者としての責任を果たそうというだけのものであったのか。あまりにお役所的発想ではないかと批判することができる。

● 第四の問題点について

　今回の措置の決定は、県の会計規則や事務決裁規程などにより館長に委任されている権限により行われたという。本来、これらの規程は管理者の支配に属している物品の処分に関する規程のはずであって、いまだ物品が裁判所の手にあり、管理権が及ばない物品の処分にまで適用できるというのは、拡大解釈のそしりを免れない。

　仮に廃棄処分をするとしても、一旦裁判所から受領し、図書館長の手に移ってから処分を決定するのが、通常の形式であろう。

　この手順をふまずに、裁判所からの受領前に所有権放棄の措置をとったのは、おそらく一旦図書館に持ち帰ると再び公開・非公開の論議が再燃し、収拾が困難になるという配慮からであろうと推定される。この事は、所有権放棄の理由として挙げられている「意見の対立があり、管理運営上困難がある。」ということによっても裏付けられる。

● 第五の問題点について

　県議会の決議には「言論・表現の自由と民主主義を守り抜く」と

いう語句がある。言論・表現の自由に、情報享受の自由が含まれていることは最高裁判所の判例によっても明らかであり、今回の図録を閲覧する自由が含まれることはいうまでもない。

まして、今回の一連の問題に関する資料の読書を規制するようなことが許されるはずがない。

県立の公的機関の運営にあたっては、県議会の意向を尊重する義務がある。これを無視して今回のような決定をすることは、地方自治の原則を踏みにじる行為であるとして、非難されてもやむをえない。

もちろん、図書館は教育機関として一定の範囲での自由裁量権が委ねられているとしても、言論・表現の自由のような憲法で保障されている権利の問題について県議会の意志を無視するようなことが許容されるはずがない。むしろ、そうした原則に抵触するような議会の意志が仮に示された場合には、再考を求める立場にあろう。

その後の報道によれば、今回の措置について県議会に報告したというが、その報告に対して県議会はなんらの見解を示さなかったのであろうか。もし、示さなかったとするならば、先の決議はいったいなんだったのかと問わざるをえないことになる。

総括的な意見　今回の一連の措置がとられた背景として、富山県における図書館運営に一定の限界があったことを考えざるをえない。

図書館界においては周知のことであるが、富山県は全国でもっとも早く市町村の図書館設置率100％を達成し、館種を越えた総合目録の編成を実行し、そのコンピュータ化をも手がけ、つねに図書館運動の先頭を歩んできた輝かしい実績をもつ。しかしながら、そうした努力が必ずしも県民の意識の近代化・民主化にまで及んでいなかったことを、率直に認めざるをえない。やはり、意識の近代化・民主化は図書館サービスを前進させるものではあっても、図書館サービスが意識の近代化・民主化をもたらすものではないのであろうか。

それにしても、今回の経過において県立図書館長の果たした役割

は否定すべくもない。同館が広瀬元館長の次から、館長職が県内の高校長や教育委員会関係者によって占められてきたことが、今回の経過を生みだした遠因ではなかったか。特に、今回の問題を引き起こし、図書館の存立基盤そのものにまで危惧の念をいだかせた前中野館長の責任は大きい。明らかに中野館長は、図書館長としては不適格であったといわざるをえない。こうした不適格の館長を任命し、かつ、今回の館長決定に暗黙の承認を与え富山県の輝かしい図書館史に汚点を残した、県教育委員会の責任こそ問われるべきである。

　もうひとつ、書き加えておくべきことがある。それは、今回の事件に関する日本図書館協会の取り組みである。

　今回の新しい富山問題の展開について、新潟の全国図書館大会で話題とし、「図書館雑誌」のニュースに取り上げたが、協会としての公式見解を公表していない。図書館の自由に関する調査委員会からも報告が公表されていない。この問題は、図書館自体の主体的な行動によって引き起こされた事件であり、しかも図書館資料の消滅に関わる重大な事件であるという認識が乏しいのではないか。施設会員を含む組織上の限界はあるとしても、問題の重要性に鑑み、協会としての見解を知りたいと思うのは、私ひとりであろうか。

　図書館は社会を離れては存在しない。機会をとらえて図書館の立場を社会に対し明確に示すことが、必要である。今回のような事件について、見解を明らかにし社会の理解を深めることは、図書館の振興に国民の協力を得るためにも欠かすことができないと考える。

● ひとつの提案

　富山県立図書館では、この４月館長が交替したという。この機会に前の決定を改め、所有権放棄を撤回し、関係資料の収集・提供に努めるべきである。幸い、この図録は他の裁判の証拠資料として裁判所が保管しているという。

　返還された図録および関係資料の公開にあたっては、県内の有識

者および図書館関係者による検討会を開き、その方法について十分討議し、さきのような事件を生じないような方法を探ることにしてはどうか。

　富山県には多くの先輩や友人がいる。教職についてからの教え子もいる。この原稿ほど書き難かったものはない。何度も中断し、放棄することを考えた。しかし、編集担当者からの再三の督促と激励によって一応書き上げたが、多くの人々に迷惑をかけたこと、富山の人々に失礼の言辞を数々呈したことにお詫びを申し上げる。

13　図書館の情報公開

『図書館界』42巻5号（1991.1）

　政府の情報公開問題研究会の中間報告が発表されたのを機会に、情報公開に関する話題がにぎわっている。この中間報告は一般的にいって、情報公開を促進する姿勢が明確でなく、情報公開を実現するには解決しなければならないこれこれの課題があるという指摘に終始しているとして評判がよくないようである。

　そのことはさておき、ここで取り上げたいのは図書館の情報公開についてである。周知のように公立図書館は、ほとんどの自治体において情報公開条例の適用を除外されている。このことから、これまで図書館は行政担当部局に対し情報公開の重要性を主張する側に立ってきたが、その一面、自らが情報公開の対象になるという認識は乏しかったのではなかろうか。各地の条例において適用を除外されているのは、「住民の利用に供することを目的として保管している資料・文書」つまり図書館資料の範囲を指しているのであって、それ以外の図書館の運営に関する公文書は当然、請求があれば情報公開しなければならない対象に含まれているのである。

　この、住民から請求が予想される公文書にはどのようなものがあるか。図書館の予算執行、施設の管理などに関するものはいうまでもないが、図書館固有の業務に関するものとしてサービス計画書、資料の収集・選択の方針とその運用状況を示す文書、臨時の休館・開館時間の変更・貸出サービスに伴う内規、集会施設の提供に関する内規や利用状況を示す文書などを挙げることができよう。図書館協議会の議事録も当然これらに含まれる。特に重要と考えられるのは、利用者の権利制限に関する処分の記録・文書である。

　地方自治法の規定を引用するまでもなく、その自治体の住民は公平に図書館を利用し、図書館の窓口を通じて必要とする資料を入手

する権利を持っている。その権利を部分的にせよ制限する行為は、それが止むを得なし、事由に基づくものであるにせよ、利用者から求められればその処分の理由を明らかにし、関係の文書・記録を公開しなければならない。具体的な例を挙げれば、利用者が特定の資料をリクエストした場合、それに応じて資料を購入または他館から借りて提供できれば問題はないが、なんらかの事情でそれに応じられなかったときは、その理由・処理の経過を文書に記録して将来の情報公開に備えることが義務付けられる。また人権、プライバシーを侵害するという理由で、資料の貸出やコピーを制限したときは、その理由、決定の経過を記録に残しておくことが求められる。

　富山県立図書館の図録非公開問題で、当該資料の利用制限にあたって、同館が定めた内規にある「資料検討委員会の議をへて館長が決定」という決定の過程が問題にされ、図録の取り扱いを審議する検討委員会が開かれたことが記録されていないことが明らかになった。資料の取り扱いを決定するにあたって合議制の審議機関を設けることは適切であるとしても、その場合は必ず会議の議事録を作成しておくことが必要であると理解しておきたい。こうした会議の記録は、資料の選択に合議制を採用した場合にもあてはまる。そうした記録の不存在は、情報公開を事実上空洞化することにつながることが、これまで情報公開実施上の問題点として指摘されている。

　これまで、図書館は少人数でしかも直ちに事を処理する必要に迫られる現場であるという理由から、業務の処理を口頭の了解ですませ、文書による記録を省略してきたきらいがある。情報公開が公文書の公開によらざるをえない以上、図書館の業務処理に文書制度が導入されるのもまた必然であると理解しなければ、図書館が行政担当部局に情報公開の重要性を主張する姿勢が弱いものになるのではないか。いうまでもなく利用者のプライバシー保護は重要であり、図書館の情報公開にあたって利用者の私的情報が漏れることがあってはならない。プライバシー保護と情報公開は、盾の両面であることを忘れないようにしたい。

141

14　情報公開制度と公立図書館

『季刊としょかん批評』no.4（1984.7）

　一九八二年四月一日、わが国初の情報公開制度が、山形県金山町において発効した。以来、静岡県蒲原町ほかの自治体がこれに続き、府県レベルでも神奈川県、埼玉県で条例が施行された。すでに自治体における情報公開の制度化は逆戻りしがたい状況まで進展したといってよいであろう。

　こうした動向のなかで、情報公開と図書館のかかわりに見過せない問題がいくつか提起されてきている。

　そのひとつは、地方自治協会の『地方自治体における情報公開に関する研究』報告書において、情報公開のあり方を整理し、これを実効性のあるものとするための方策を提示し、図書館がこれにかかわる手がかりを示した。

　もうひとつは、すでに施行された神奈川県、埼玉県の条例において、図書館・文書館の所蔵資料について条例の適用を除外する旨が盛りこまれたことである。

　さらに、各条例中の非公開基準のなかのプライバシー条項に、図書館の利用記録が含まれるかどうかという森耕一氏の問題提起である。

　私は、さきに『大阪公共図書館協会会報』第八三号に「最近、各地の自治体で情報公開制度化の検討が進められている。しかし、そうした場に図書館の参加が求められたことを聞かない。これでよいのだろうか。」と問題を提起したが、以上あげたように、好むと好まざるとにかかわらず図書館がこれにかかわらざるを得ない状況が生れてきている。情報公開と図書館に関する一般的問題については、さきに書いた『ジュリスト』臨時増刊 No.七四二の拙稿（編者注：石塚先生著作目録，文献 1981.4 参照）を参照していただきた

いが、これを補う意味で最近の動向について考えてみたい。

なお、この小論で用いる図書館とは、公立図書館のみを指していることに注意されたい。

1 地方自治協会報告書における考え方

地方自治協会は、総合研究開発機構の助成研究として、東大の西尾勝教授を委員長とする研究委員会を組織し、『地方自治体における情報公開に関する研究』を発表した（この報告を、この小論では便宜上「西尾報告書」とよぶことにする）。

この報告の特色は、情報公開を真に実効性のあるものとするために、できるだけ広くとらえて、次のような四つの制度および施策を総合的に整備する必要があるとした点にある。

（1）一般情報開示請求制度
（2）情報提供施策
（3）情報公表義務制度
（4）特定情報開示請求制度

第一の一般情報開示請求制度が、現在主として論議されている情報公開制度であるが、これを実施しても実際には利用者がごく少数に止まる可能性がたかい。これをより広く利用してもらい、住民の行政参加を促進するためには、第二、第三の施策・制度が不可欠であると提言する。

さらに個人情報を本人に対してのみ開示し、プライバシー権のひとつである自己情報のコントロールの権利を保障しようとするのが、第四の特定情報開示請求制度である。

この四つの制度・施策の体系を次に示した。

これによって明らかなように、図書館は情報提供施策のなかの情報センター施策の一環として重要な役割を果すことが必要となる。

ここで想定している情報センターは、単に広報資料や印刷物を収集展示して利用に供するという形のものではなく、公文書の集中管理を目的としたものであることは注意しておかなければなるまい。

「西尾報告書」では、「情報管理は情報公開を支える基盤である。ところが、わが国の自治体の情報管理はおしなべてきわめて劣悪な実情であり、このままでは一般情報開示請求制度の円滑な運用にはとうてい耐えられない。そこで、まず情報管理から早急に徹底的に改善する必要がある。」とのべ、そのために次の事項を提言する。

「(1) 情報開示請求制度の創設にそなえて、決裁文書等の記載様式から再検討すべきである。

(2) 公文書等と私文書の区別を明確にするとともに、公文書等のファイルの基本単位と編綴様式を明確にすべきである。

(3) 作成後一定年限を経た保存文書は、主管課の管理から引き離し、これを確実に情報センターに引き継ぐべきである。

(4) 保有文書を収集保管する情報センターとして、独立の公文書館(室)を設置することが望まれる。」[1]

さらに、(4)の実現方策として、「都道府県、政令指定都市などでは、独立の公文書館を設置するだけの必要性と行財政能力とをもっているであろうが、一般の市区町村にはそれだけの必要性も乏しく、またそれに耐えるだけの行財政能力もないところが多いであろう。このような一般の市区町村では議会図書室と公文書室を兼ねる方法とか、資料室と公文書室を兼ねる方法、あるいは公立図書館と公文書室を兼ねる方法などを検討すべきであろう。」としている。

多くの自治体の議会図書室や資料室が必ずしも公開されているとはいえないので、この提言を実現するためには、まずそれらを住民に公開することから始める必要があるが、その点図書館ははじめから住民に公開された施設であることは、もっと強調されてよいであろう。

そうした施設の整備と相まって、公文書の整理・検索手段、つまり情報管理能力の充実が必要である。

これまでの各地図書館で取り組まれてきた地方行政資料の収集・整理・保管・供用の経験は、その他の公文書の管理にも役立てることができる。そうした経験を持つ職員は、他の部局には必ずしも多

くないことを考えれば、この知識・技術・経験は、情報公開にとって貴重なものである。ここに、情報公開制度化にあたって図書館員の果す重要な役割があることを確認しておきたい。

公文書保存のための情報センターとしての役割が直ちに図書館にあたえられないとしても、これまで行なわれてきた地方行政資料の収集・供用は、広義の情報公開の一環として位置づけることができる。これを一歩拡大するためには、まず議会の議事録はいうまでもないが、各種行政委員会（教育委員会、選挙管理委員会、農業委員会など）の議事録のコピーの整備は、委員会公開制と相まって重要な意味を持っているし、財政公表その他公表義務に伴う報告書の収集などにまず着手すべきであろう（たとえば、箕面市教育委員会の議事録閲覧拒否事件では、下級審とはいえ、議事録の公開が裁判により確定している）[2]。

2 情報公開条例の適用除外

「神奈川県の機関の公文書の公開に関する条例」第一七条第二項は、次のようになっている。

　この条例は、前項に規定するもののほか図書館、博物館、美術館その他これらに類する施設において県民の利用に供することを目的として、収集し、整理し、及び保存している図書、記録、図画等の公文書の閲覧及び当該公文書の写しの交付については適用しない。

埼玉県条例にも、ほぼ同様の規定がある。この規定は、具体的には何を意味し、今後どのような影響をあたえることになるのであろうか。

適用除外とは、この条例に定めている「閲覧請求権」「非公開基準の適用」「写しの交付に要する費用負担」「公文書公開審査会（救済機関）への不服申立権」「公文書目録の作成義務」等の条項が適用されないことを意味するものである。

図書館・文書館等が住民の利用に供するために収集・保存する資料であるかぎり、「閲覧請求権」に制限があるとは考えられないし、「目録作成義務」も当然、この条例に定めがなくても目録が作成されるはずである。
　「写しの交付に要する費用負担」も、多少金額に差が生じるかもしれないが、大きな問題にはならないであろう。問題は、「非公開基準の適用」と「公文書公開審査会（救済機関）への不服申立権」である。
　まず、不服申立権から考えることにしよう。
　行政官公庁の処分に異議のある場合は、「行政不服審査法」にもとづいて審査請求、異議申立てができる権利は、国民一般に認められている。これは、教育機関である図書館にも適用される。したがって、図書館が所蔵する資料の閲覧を不当に制限したりした場合は、この手続きにより審査または是正を求めることができる。
　「図書館の自由に関する宣言・一九七九年改訂」第二項の副文一に明記されているように、「すべての図書館資料は、原則として国民の自由な利用に供されるべきである。」から、実際にそうした事例が生じるかどうかはわからないが、情報公開制度による救済機関を利用できなくても、これに代る手段が保障されているといってよい。
　「非公開基準の適用」除外についてはどうか。神奈川県の条例では、非公開基準は次のようになっている。

　（1）個人に関する情報であって、特定の個人が識別され、又は識別され得るもの
　（2）法人その他の団体に関する情報、又は事業を営む個人の当該事業に関する情報であって、公開することにより、当該法人等又は当該個人に明らかに不利益を与えると認められるもの（ただし書省略）
　（3）国又は他の地方公共団体の機関からの協議又は依頼に基づい

て作成し、又は取得した情報であって、公開することにより、国等との協力関係を著しく害するおそれのあるもの

（4）県の機関内部若しくは機関相互又は県の機関と国等の機関との間における審議、検討、調査研究等に関する情報であって、公開することにより、当該審議、検討、調査研究等に著しい支障が生ずるおそれのあるもの

（5）県の機関又は国等の機関が行う検査、監査、取締等の計画及び実施細目、争訟及び交渉の方針、入札の予定価格、試験の問題その他の事務又は事業に関する情報であって、当該事務又は事業の性質上、公開することにより、当該事務又は事業の円滑な実施を著しく困難にするおそれのあるもの

（6）犯罪の予防、犯罪の捜査、個人の生命、身体及び財産の保護その他公共の安全の確保のため、公開しないことが必要と認められる情報

（7）法令の定めるところにより、明らかに公開することができないとされている情報

　図書館の所蔵する公文書中に、これらの条項に該当するものがないであろうか。歴史資料としての文書類と、印刷物としての地方行政資料のなかには、プライバシー関係のものをはじめ、何らかの意味でこれらに該当するものがないとはいいきれないものがある。

　プライバシーにかかわるものについては次項で論じることにして、その他のものについても該当するものが含まれる可能性がある理由は、現在の自治体においては、刊行物（公表を目的とした印刷物）と部内資料の区別が明確でなく、単に同様の印刷物として取扱われることが多いことによる。

　もちろん、実際には印刷物作成の担当部局が図書館に配布することを規制して、これらに該当するものが図書館に入ってくることがすくない場合もあろう。

　しかし、そうした資料であっても、ある年限を過ぎれば歴史資料

として重要な意味を持つことは、しばしば生じることはいうまでもなく、図書館としては公開・非公開の別なくこうした資料の収集を欠かすことはできないのである。

このような意味で、非公開事由に該当する公文書が図書館に受入れられた場合、適用除外の規定に基づいて直ちに公開することが可能であろうか。

行政当局が非公開としたものを、図書館においては利用できるということが明らかになれば、行政当局も利用者もこれを見過すことはおそらくしないであろう。

つまり、神奈川県や埼玉県では、図書館・文書館等にはそうした資料は受入れられないか、あるいは当然自主的に規制するであろうことを前提として、条例の適用を除外したものと理解せざるを得ないのである。

「図書館の自由に関する宣言・一九七九年改訂」第二項副文　一の三にある「非公刊資料」に、これらのものを含むことについては、同宣言解説のp.二四および、拙稿「情報公開と図書館」p.八七を参照されたい。

3　プライバシー条項

さきに引用したように、神奈川県の条例では「個人に関する情報で、特定の個人が識別され、又は識別され得るもの」という一般的な規定になっている。これに対して金山町の条例では、個人の思想、信条、宗教、職業、取引、経歴、犯罪、財産、所得、身体特徴、健康状態、学業成績、考案、発見、その他もっぱら個人に関することにより個人の権利、名誉、利益又は幸福を害するおそれがあると認められるものとなって、より具体的である。

神奈川県条例の「特定の個人の識別」という基準は、ややもすればその公文書中に個人名が表示されていればすべて非公開とされかねない規定であり、運用上問題のあるところであろう。

もし、条文のまま解釈されるならば、歴史研究の資料として公文

書を利用するうえで、多くの阻害条件となることが予想されるし、権利の競合関係を証明する手段として公文書を利用することも困難となるのではなかろうか。

もちろん、神奈川県条例では、これらは「公開を拒むことができる」場合とされていて、すべて非公開にするものではないとされているが、これまでの官公庁の体質からみて、「公開を拒むことができる」ものは、実質的に非公開とされる危険性が大きいと考えておかなければなるまい。

さらに問題とすべきことは、このプライバシー条項に年限の定めのないことである。文書館においては、これまで本人の死後何十年とか、文書成立後五〇年とかの公開制限が行なわれてきた[3]。

こうした経験が、情報公開の制度化にあたってほとんど生かされていないことは、日本における文書館制度の未成熟に由来するのであろうか。それとも、公文書を図書館または文書館に移管し、適用除外の規定によって年限問題を解決することを想定しているのであろうか。

4 図書館の利用記録は非公開か

森耕一氏は、この著『公立図書館原論』において「アメリカでは、連邦および各州において、すでに情報公開法が制定されている。そして、現状では、多くの州で図書館の貸出記録などを情報公開法の適用を除外する文書に指定していない。そのために、情報公開法に基づいて利用事実の公表を要求する事件が起きている。」として、ワシントン州立図書館で起きた例をあげ、「一九八一年末までに、十一州で図書館の利用記録の秘密を守る法律が制定されている。」と状況を報告している。

さらに「わが国において、情報公開に関する条例を制定しようという動きが具体化されつつあるが、貸出しおよび登録に関する記録が除外事項として認められるかどうかは、図書館およびその利用者にとって重大な関心事となるであろう。」と問題を提起した[4]。

図書館の利用記録の非公開は、利用者の読書の自由を守るために欠かすことのできない柱である。そのため「図書館の自由に関する宣言・一九七九年改訂」の重要な部分として「図書館は利用者の秘密を守る」と主文に明記された。

　森氏がいうように、この事項が情報公開制度のなかでどのように扱われるかは重要な問題である。これまでの情報公開条例のなかでこれを明記したものはないが、今までに引用した条文からみて、図書館の利用記録は「もっぱら個人に関することにより個人の権利、名誉、利益又は幸福を害するおそれがあると認められるもの」に該当するといってよいであろう。

　金山町、蒲原町、緒方町はいずれも図書館が設置されていない。神奈川県、埼玉県においては、所蔵資料については適用が除外されているが、図書館自体が作成する文書については、公開条例が適用されることはいうまでもない。したがって、今後の運用基準の具体化のなかで、非公開文書とされるかどうかが問題となってこよう。さきにのべたように、「特定の個人が識別されるもの」という条項および第二条の「他人に知られたくない個人に関する情報が、みだりに公にされないように最大限の配慮をしなければならない」という規定によって、非公開の範囲に含まれるものという解釈が成立すると思われるが、今後のなりゆきを見守りたい。

　今後、図書館を設置している自治体において、情報公開条例が制定される場合、図書館としては利用記録が非公開文書の範囲に含まれるよう積極的に働きかけてゆく必要がある。

　これこそが、「図書館の自由に関する宣言・一九七九年改訂」を自らのものとしてゆく活動の一環であろう。

注

1）西尾報告書 p.三七～三八［編者注：『地方自治体における情報公開に関する研究』東京，地方自治協会，1983.5, 353 p. 内の p.37-38］
2）法学セミナー増刊総合特集シリーズ一九、情報公開と現代　八二・六

p.二三九
一　教育行政における住民の情報公開請求権－箕面市教育委員会議録閲覧・騰写不許可処分取消事件
　この裁判は、一九七七年四月、大阪府箕面市教育委員会の会議録閲覧・騰写を拒否された住民が、その処分の取消を求め、同市教育委員会を相手どって大阪地裁（民事第二、古崎慶長裁判長）に起こしたものである。判決は結論的には、同市教育委員会の不許可処分は、住民の同会議録閲覧請求権に照らし違法であり取り消されるべきであるとしたが、とくに住民側に会議録の閲覧・騰写請求権がある、と明確に判示したことが、住民の教育行政に対する「知る権利」という観点から注目をひいた。ところで、この訴えは、原告住民が、別件訴訟（同市に対する忠魂碑再建公金支出違憲訴訟）の参考資料として同市教育委員会議録の閲覧・騰写を請求したところ、同市教育委員会は、会議録閲覧・騰写の請求については法的根拠がなく、教育委員会の自由裁量権に属するとして不許可処分にしたものである。

3）フランス一〇〇年、カナダ九〇年、アメリカ七〇年、埼玉県立五〇年（いずれも文書作成後）

4）同書［公立図書館原論／森耕一著．東京：全国学校図書館協議会, 1983］p.一〇二

15 住民と図書館
(図書館とまちづくり・奈良県・ネットワーク結成総会講演：
1996年5月12日)

『図書館とまちづくり・奈良県・ネットワーク』no.1 (1996.6)

1 はじめに

午前の「図書館とまちづくり・奈良県・ネットワーク」の発足会で、会長に御指名いただきました。私は、図書館法ができた（1950年）頃から図書館現場に関係しておりまして、相当長くかかわってきたことになります。その間、いろいろ図書館について考えてきましたので、多少はお役にたてるかと思い、お引受した次第です。現在は、現場を離れて学生に図書館学を講義している立場におります。

まず、この後のシンポジウムとの関係で、奈良県下の図書館の状況について、御紹介させていただきます。

2 奈良県下の公共図書館設置状況

奈良県内の図書館は現在20館あります。うち、県立図書館は奈良公園内と橿原に2館、市町村の図書館は18館、9市8町に設置されています。まもなく橿原市に新設されますが、これで全10市に設置されることになります。

一方、町村では37町村中8町村に設置されている（設置率22％）だけで、全国平均に達しない淋しい状況です。また、図書館の施設規模も大半が小さく、サービスも十分とはいえません。今後、これらの図書館にサービスの充実を求めていくこと、未設置町村に図書館づくりを働きかけることが、私どもネットワークの活動として必要であろうと思います。

これらの9市8町にある公立図書館は、いずれも図書館法に基づいた図書館です。図書館の設置には地方議会での条例制定が必要とされますが、その意味でこれらの図書館は「制度としての図書館」です。もちろん、個人または任意の団体でも図書館をつくることはできますが、それらは図書館法上では「図書館同種施設」の扱いになります。

3　「制度としての図書館」と「運動としての図書館」

そこで、公立図書館だけが図書館なのかというとそうではない。公立図書館という制度としての図書館のほかに、有志がグループをつくって自主的に運営している図書館がある。私はこれを「運動としての図書館」と呼んでいます。運動のなかで創られる図書館です。

制度としての図書館は、長続きすることが可能ですが、運営が良くないと利用者から見放され、看板だけの図書館になってしまうおそれがある。一方、運動としての図書館は、運動のために必要だからつくられる。つまり運動に参加している人々に支えられている図書館だから、利用者から見放されることはないが、運動体がなんらかの理由で続行不能になると、結果的に図書館も消滅してしまう危険性を抱えている。つまり長続きさせることが困難だという問題点を含んでいます。

さて、公共図書館の原点は、アメリカのフィラデルフィアで有名なベンジャミン・フランクリン等によってつくられた図書館とされています。この図書館は、図書館会社といって本を読みたい人々が共同してつくった図書館です。法律によってつくられたものではなく、運動としてつくられたものです。

このような運動としてつくられた図書館は、日本にはなかったでしょうか。初期の例として、1874年に板垣退助らがときの政府に提出した民選議院設立建白書を契機として全国に拡がりをみせた、いわゆる自由民権運動時代にその姿がみられます。この時期、およ

そ千を超える運動グループが全国にあったといわれますが、その多くが自分達で学習のために読書会を組織し、自由民権の理論学習を進めています。このなかに共同の読書施設をもっている例があります。これは、明らかに運動としての図書館といえるでしょう。しかし、それらはその後の自由民権運動に対する弾圧のなかで消滅していきます。

　日本で、公立図書館として最初に創立100年を迎えた青森の八戸市立図書館は、書物仲間という本を読み合う仲間が母体となって創られた図書館です。この図書館は、その後公立図書館となっていきました。運動としての図書館が、制度としての図書館に変わっていった事例とみることができます。

　また、戦前奈良県にもあった教育会図書館は、明治・大正・昭和にわたって各地に存在しました。これは、新しい教育を実践するために各地の学校の先生方によって自主的に創られた図書館です。これらの図書館は、その後県立図書館や郡立図書館、町立図書館に変わっていったものがたくさんみられます。公教育の制度や政策変化のなかで、図書館として存続はしたものの、その主体が変質したのです。

　1837年の文部省統計によると、当時全国に4,752の図書館があったとされ、現在より館数は多いです。この数字だけをみると戦前図書館は活発だったようにみえますが、実際は図書が数百冊しか置いてない看板だけのものが多かったといわれています。この数のなかには、私立図書館（1,371館）も含まれていますが、その多くが青年団図書館であったことが知られています。そのなかには、熱心に活動した図書館もあり、その例として、長野県の上郷村図書館（現在は飯田市の一部）などがあげられます。これらも運動としての図書館に数えられましよう。青年団図書館は、その後公立図書館に移管されたり、公民館図書室になったものもあります。

　1865年に刊行された『子どもの図書館』に刺激されて全国に拡がった文庫運動は、戦後の代表的な運動としての図書館といえるで

しょう。この文庫運動が、戦前の図書館づくり運動と異なる点は二つあります。その一つは、関係した地域のお母さんたちの努力で公共団体の支持をとりつけたこと、二つ目は、この運動が地域の子ども達を対象としたもので、自分達の学習だけを目的としたものではなかったこと。これが、現在も継続し発展している大きな理由でしょう。

4 図書館の発展を支える二つの力

　これまで述べてきた過去の経験から、私達は何を学ばなければならないか。社会や地域をより良い方向に変えていこうとする意志やエネルギーを持つ住民に支えられていることが、読書活動や図書館づくりにとって重要なポイントだと言うことでしょう。
　住民運動には盛衰があり、主体となる人が交替することもある。永続することは非常に困難です。そのなかで、読書活動や図書館づくりは、公共団体の支持と、維持のための援助がなくては、活動を継続しにくい性質の運動であるといえましょう。
　図書館は、運動として維持する人々のエネルギーと、それを支える制度としての公共機関の両面がマッチしないとなかなか継続しえない。一方が欠けると、公立であっても経営がうまくいかなくなって住民から見放され、名目だけの図書館になってしまう。このようなことは、図書館に限ったことではない。住民の意志が社会をつくり、歴史をつくるのです。
　本日のメーンテーマの一つである「まちづくり」運動も同様で、まちをより生活しやすいものにしていくための公的機関のハード面という制度による支えと、住民のエネルギーの両面がマッチしてはじめて本当のまちづくりができていく。その意味で、まちづくりと図書館運動は一体のものと捉えるのが正しいと考えています。

5 身近な図書館と広域に奉仕する図書館

　それでは、図書館の役割はなにかというと、戦前の図書館は学習

の機関として機能してきたが、現在も同じであってよいかというと、そうは言い難い。マス・メディア時代の現代と戦前とは、出版量には大差があり、出版物の果たす役割も異なるからです。現在の図書館は、楽しみのための図書館という側面を欠かすことはできない。住民が自分達の生活をよくするために学習し、情報を入手するための側面と合わせもつことで、はじめて地域で一定の役割を果たすことができる。また、資料や情報の提供ばかりでなく、文化的交流の場や機会の提供という役割もあります。

　しかも、現在は読書だけでなく、様々なメディアの楽しみがある。それらとの競合のなかで読書の役割を果たしていくには、以前とは異なる努力が必要になります。

　その具体的な活動は、住民一人一人に直接サービスする身近な図書館と、広域自治体としての府県立の図書館の活動とは同じではないでしょう。

　地方自治法では、府県と市町村が同様な行政サービスを提供することは適切ではないとされています。それを図書館サービスに引き寄せてみると、府県立図書館と市町村立図書館とでは当然違いがあってよい。住民への直接サービス、つまり住民一人一人の個人的な営みとしての読書に対する資料提供は市町村立図書館が担うべきサービスです。社会教育法では、府県は公民館を設置することはできないことになっています。ところが、最近できた生涯学習振興法では、その責任分担化があいまいになって、生涯学習のための施策を府県が行ってもよいと読み取れる規定になりました。この新しい法律によって、各地に府県立の生涯学習センターが設置されるようになりました。これは十分な議論が必要だと思います。

　図書館サービスでの府県の役割は、これまで市町村の図書館では提供できないような資料をカバーすることが重要と考えられてきました。それは誤りではないが、その内容について細かな議論が必要です。三つのことを指摘しておきたい。

　第一は、市町村図書館では準備・提供することが困難な資料群の

提供についてです。市町村の住民のなかには、非常に専門的な仕事に携わっていて、その仕事に関係する専門資料を求める人もいれば、そうした資料は別なルートで入手していて、地域の図書館にそうしたサービスまで求めないという人もいる。しかし、すべての人々が専門資料をそうした手段で入手できるとは限らない。そうした要求に応じる専門資料や外国語資料を整えることは、市町村の図書館では困難です。そうした資料は、府県立図書館がカバーすべき分野でしょう。（もちろん、府県立図書館にも規模や財政の面で限界があるが、他の図書館から借受ける仲介役としての機能を含めて考えたい。）

　第二に、それならそのような専門資料などだけを府県立図書館は整えておけばよいかというと、そうはいえない。市町村の規模や財政力は様々であり、相当大きな自治体でなければ、日常住民から要求される資料を十分に整えておくことは困難です。奈良県内の市町村の図書館には、蔵書数が全国平均に達しない図書館が10館あります。このような小規模図書館のサービスを支える資料を補給する役割も、県立図書館は担う必要があります。

　第三には、府県立図書館は資料の保存機能を持つ必要があります。新設される市町村の図書館は施設の規模が小さく、資料の保存機能には限界があります。これらの図書館のあまり利用されなくなった資料を府県立図書館が預かり、必要なときに提供できるようにすることは、これからの府県立図書館の重要な役割であると考えたい。

　こうした市町村図書館の補完機能を府県立図書館が果たすためには、所蔵資料の情報ネットワークと資料搬送手段を準備する必要があることを申し上げておきたいと思います。

16 「子ども読書活動推進計画」の策定について

「奈良県図書館協会公共図書館部会」
2003年度〈記録〉（2003. 8. 29）

1 「子どもの読書活動の推進に関する法律」と国の基本的計画

　平成13年に成立公布されたこの法律は、子どもの読書離れを危惧する国会議員有志の発議によって制定されたものである。
　この法律は、第2条（基本理念）において「子どもの読書活動は、子どもが、言葉を学び、感性を磨き、表現力を高め、創造力を豊かなものにし、人生をより深く生きる力を身に付けていく上で欠くことのできないものであることにかんがみ、すべての子どもがあらゆる機会とあらゆる場所において自主的に読書活動を行うことができるよう、積極的にそのための環境の整備が推進されなければならない。」と述べるように、子どもの読書活動が、その成長期に不可欠のものであることを確認し、そのための環境整備が重要であることを明示している。
　さらにその環境整備の責務は、国および地方公共団体にあることを第3・4条に明記し、それを推進するために、政府と都道府県および市町村は推進計画の策定に努めることを規定している。
　この規定に従って、政府は平成14年8月「子どもの読書活動の推進に関する基本的な計画」を策定公表した。この基本的計画では、家庭における読書の習慣付け、地域図書館での児童サービスの充実、児童福祉施設である児童館での読書活動の推進、住民の自主的活動への援助、学校における読書活動の充実などを具体的に示し、そのために必要な環境整備として地域の公共図書館の整備・充実、学校図書館の整備、活動推進体制の整備などを提言している。

各都道府県も、これにならって昨年来推進計画の策定に取り組んでいる。奈良県では、この7月「奈良県子ども読書活動推進計画」を策定、これに基づいて今後の活動を促進することになった。

2　奈良県の策定した推進計画

奈良県の推進計画は、学校、地域社会、家庭の3分野が連携・協力して、その活動を推進する構想になっている。

家庭における読書活動については、その重要性の認識を普及させるため、家庭教育に関する学習活動のなかで目標として取り上げることになっている。

学校教育の場における読書活動としては、教科指導、学校全体として取り組む読書プログラム、学校図書館の活動などが取り上げられている。

地域社会における読書活動としては、公立図書館における児童サービスの展開が重視され、公民館などの公的施設における読書活動にも触れられている。

全体として、現状の集約と事例の提示が多く、具体的な計画は、県立図書館、県立学校といった県立の施設の活動を示すにとどまり、新しい方向性には乏しい。

3　市町村の責務

子どもの読書活動の推進に関する法律では、その第9条2項に「市町村は、子ども読書活動推進基本計画（都道府県子ども読書活動推進計画が策定されているときは、子ども読書活動推進基本計画および都道府県の推進の状況等を踏まえ、当該市町村における子どもの読書活動の推進に関する施策についての計画を策定するよう努めなければならない。」と規定されている。

奈良県の推進計画では、「市町村における子ども読書活動推進計画の策定の促進」の項目をたて、「子どもの読書活動においては、もっとも身近な地方公共団体として、市町村の果たす役割が重要で

あることから、各市町村に「市町村子ども読書活動推進計画」の策定を求めるとともに、「奈良県子ども読書活動推進会議（仮称）」をベースとして、市町村の計画策定を支援します。」と述べている。

　市町村は、直接住民に行政サービスを提供する基礎的自治体であることから、子どもを対象とするこうした計画は、府県よりも市町村が中心となって推進するのが本来であるといえよう。その意味では、市町村の推進計画こそ重要なのである。

4　市町村における推進計画の策定は誰が担うか

　奈良県の推進計画は、奈良県教育委員会がその策定の責任を担っている。同様に、各市町村でも教育委員会が推進計画策定の責任を担うことになると考えられる。もちろん、県の計画にみられるように、教育委員会の担当分野のみでなく、福祉行政の分野に属する児童館の活動やブックスタート運動などのように、市町村長所管の行政分野にもわたる総合的な計画が期待されていることから、他の行政部門の協力も得なければならない。しかし、これまでそうした総合的施策立案の経験を持たない教育委員会の担当者は、おそらくとまどうことになろう。

　計画立案は市町村の教育委員会中心で進めるとしても、その計画を実施する主な機関は公立図書館であり学校である。実施主体である図書館や学校の意向を無視した計画は成り立ちようがないから、計画の立案には当初から図書館や学校が参画することが必要である。

　公立図書館は社会教育機関であって行政機関ではないから、学校教育の分野に直接関与することはできないが、実際の活動面では、図書館法第3条主文の規定するように「学校教育を援助し」うる立場から、学校教育に側面から協力する立場にある。

　今年の4月から12学級以上のすべての学校に司書教諭が配置された。それにともない、公立図書館と学校図書館の協力関係はこれまでより密接になっていくであろう。そうした状況の中で、この推

進計画の策定は、学校関係者と公立図書館関係者が連携して取り組む大きな課題であるといってよい。

　一部の市町村教育委員会事務局では、読書に関することは図書館の役割であるとして、計画立案の責任を図書館に転嫁しているところがあるやに側聞している。そんな市町村の場合は、住民が積極的に教育委員会に、推進計画の立案と実行を働きかけていくしかないであろう。自分達の子どものために、充実した読書環境を整えてやることは、親の責任でもあるのだから。

5　市町村の推進計画に盛り込むべき内容

　子どもの発達段階に対応した読書活動の働き掛けが、計画の基礎になるべきであろう。

　絵本の読み聞かせ、お話し会、紙芝居の上演といった低年齢層に対する働き掛けは、学齢に達しない子どもを対象としても可能であるから、そうした活動は、家庭および保育所・幼稚園・児童館などの公的施設でも取り組まれるべきものである。

　やや高年齢に達した児童に対しては、ストーリーテリング、文学作品の読み聞かせ、一斉読書時間の設定による読書の習慣付けなど、その活動の性質によって学校図書館、公立図書館などが分担して展開すべき活動であるといえよう。

　さらに、児童・生徒の自主的読書は、公立図書館、学校図書館における子ども向け資料の整備・充実によって促進される必要がある。いわゆるティーン・エイジャーに対する読書活動は、困難な課題ではあるが、公立図書館のヤング・アダルト・サービスへの取組、中学校、高校の読書教育のなかで研究が進める必要がある。

　読書には、楽しみを求める段階、ことばを理解し、想像力を養う段階、読書を習慣付ける段階、美・人間愛・善などの感性を磨く段階、表現力を高める段階、自主的に知識・情報を求める段階などさまざまなレベルがある。それぞれのレベルに対応した資料が適時に提供されることによってのみ、読書は発展してゆくのである。その

ためにも、読書を発展させる環境づくりには、多くの分野の適切な対応、整備、協力、連携が必要とされよう。

(1) 公立図書館における子どもへのサービス

公立図書館は、地域の子どもたちへの読書活動を推進するもっとも重要な担い手である。図書館は、子ども向けの資料を充実させ、子どもたちの関心を引きつける活動を展開する必要がある。

そのためには、まず各図書館が児童サービスを主担する職員を配置し、その研修を積み重ねることで資質の向上に努めることが必要である。さらに、これまでやや手薄だったヤング・アダルト・サービスの開拓にも着手することが望ましい。

子どもへのサービスは、子どもを直接サービスの対象とすることだけにとどまらない。保護者の関心や意識を高めることを通じて、子どもに読書習慣を身につけさせ、その意欲を高めていく活動も、子どもへの図書館サービスの一部であることを忘れないようにしたい。保護者である成人を対象とした資料の展示、印刷物の配布、講演会・研修会の開催などの活動が考えられる。地域住民の自主的活動である文庫運動の援助、家庭での読み聞かせ普及の呼び掛けも公立図書館が担うべき活動であろう。

読み聞かせには、親が子に本を読んでやる形ばかりでなく、かつて「母と子の20分間読書運動」が採用した子どもが読むのを親が聞いてやるという方法もある。親子の対話を促進するという意味でも、家庭での読書運動には、もっと取り入れられてよい形態であろう。親が子に、子が親にという双方向の読み聞かせという読書活動は、親子の対話拡大という面からしても好ましい姿であるといえよう。図書館が地域住民に呼び掛けて、家庭での親子読み聞かせ運動を展開してはどうか。

(2) 地域における住民の自主的活動への援助

県内で、その行政区域内に複数の図書館施設を持っている自治体

は奈良市、生駒市の2市にすぎない。各地で取り組まれている家庭文庫、地域文庫などの住民の自主活動に、資料や活動の場を提供して支援していくことは、読書活動の場を拡げるために欠かせない条件である。文庫活動に補助金を交付するような援助策は、現在の自治体の財政事情では困難であろう。しかし、国の「基本的計画」に示しているように、地域にある公的施設の利用に便宜を図ったり、活動を支援するために公立図書館の職員を派遣したりすることは可能であり、積極的に取り上げるべきである。成人教育の分野で「出前学習」という活動が展開されていることからも、そうした活動の必要性が理解される。そうした住民団体との交流を図ることは、これを通じて、子どもの保護者たちの意識を高めることにも役立つと考えたい。

(3) 学校教育における読書活動

多くの学校で、朝の読書運動など、子どもたちに読書習慣を身につけさせる教育活動が広く展開されているという。そうした活動をさらに高めていくために、読書資料の提供や、総合的学習の展開にともなう調べ学習に役立つ資料リストの作成やその入手の手段などに、学校図書館が中心的役割を果たすことが期待される。

もちろん、そうした学校教育における読書活動は、全校的に取り組まれなければならないが、校長をはじめ教職員の認識をたかめ、それを企画し推進する人がいなければ、なかなか推進できない。その中心になるのは、学校図書館に配置されている司書教諭であろう。

(4) 学校図書館の充実

司書教諭は、すべての学校に配置されたわけではない。文部省は学校図書館法改正時の通知で、「小規模校にも司書教諭の配置が望ましい」としているが、奈良県ではその事例はないと聞く。11学級以下の小学校が県内で81校以上（30％以上）、中学校で26校以

上（22％以上）あると推定される。

　小規模校であっても学校図書館は存在しているし、学校図書館があれば校務分掌としての学校図書館係の先生は置かれているはずである。それを司書教諭にしないのは、どのような理由によるのであろうか。学校図書館係にしておけば、毎年交代することができるということなのか。学校図書館の重要な役割を考えるならば、当然必要な研修を受け学校図書館の運営に関する知識を持っている専門家としての司書教諭の有資格者がその職務に当たるべきであろうし、数年間にわたってその仕事に取り組むことによって、活動の継続性が保障される。

　まず、11学級以下の小規模校にも司書教諭を配置すること、兼任である司書教諭の授業担当時間を軽減することが実現されなければならない。奈良県では、司書教諭は校長が任命することになっているので、経費の問題はなく、各学校の校長の認識しだいで、実現可能なはずである。教員定数の関係でそれが実現困難なときは、それを補う手段として市町村の公費で学校司書を配置する必要がある。

　学校図書館は、子どもたちが何時でも利用できるように開かれていなければ役立たない。学校図書館を常時開館しておくためにボランティアを活用する市町村があるというが、司書教諭または学校司書という専任者が配置されていて、それを補うためのボランティアなら有意義であるが、専任者無しでボランティアに学校図書館の運営を委ねることは問題であろう。

　こうした施策によって、はじめて学校図書館が図書館として機能する基礎ができる。子どもたちの読書意欲に対応できない学校図書館をそのままにしておいて、子どもの読書活動推進をいうことはナンセンスであるとしかいいようがない。

　県内の市町村では、国の「学校図書館図書整備5か年計画」により経費の予算措置が行われているにもかかわらず、その経費を学校図書館の資料充実に振り向けていない市町村があるという。学校図

書館の資料の充実に計画的に取り組むことを、ぜひ推進計画に折り込んで欲しい。

(5) 公立図書館と学校図書館の連携

　県内の学校図書館の資料充実状況は、けっして十分な状況であるとはいえない。教科学習に必要な資料でさえ不足している学校図書館が多いと聞く。まして、全校一斉の読書活動を展開しようとすれば、たちまち読書資料の提供に困るであろう。冊数だけ充足しても、子どもが読みたいと思う資料の提供には対応しきれないのが実情である。

　図書館法第3条の「学校教育を援助し」というのは、具体的には、児童生徒の公立図書館への来館を奨励することではなく、それぞれの学校図書館への資料提供を通じて学校教育を援助することと認識すべきである。日常の学校での教育活動において不足する資料があれば、公立図書館がその資料を学校に提供するという図書館協力活動が展開される必要がある。そうした活動を実現するには、学校図書館には各教員からの資料要求を受け止め、適時に対応できる人的態勢が必要であるし、公立図書館では資料所蔵情報の公開、学校への資料搬送手段の整備が欠かせない。そうした連携が、子どもの読書活動を推進する基盤であると考えたい。そのためにも市町村ごとの学校図書館と公立図書館の連携・協力機関の設置が望ましい。

(6) 児童福祉活動との連携

　県の計画には、児童館、保育所、幼稚園などでの読書活動の推進も盛り込まれている。これらの施設には、それぞれ指導員、保育担当者、教諭が配置されているはずであるから、その人達の読書活動に対する認識と、十分な資料を整えることができれば、読書活動を展開することができる。

　学校は教育委員会の所管であるから、関係者の間に共通の認識さ

え成立すれば、こうした公立図書館との連携は実現が可能である。しかし、学齢以前の子どもたちへの読書活動展開の働き掛けは、児童福祉に携わる関係者・機関の協力なしには実現しがたい。県の推進計画においても、保育所、児童館などでの読書活動については、知事部局であるこども家庭課がその担当課とされている。

　市町村においても事情は同様であり、そうした部門の担当者と関係施設の職員の理解・協力がなければ実施しがたい。そうした分野の活動を推進計画に盛り込むためには、立案および推進機関に、福祉行政関係者の参加を得なければならない。それが直ちに実現するかどうかは、それぞれの地域の事情により異なるであろう。すでにブックスタート運動を展開している市町村などでは容易であろうが、まだ、そうした運動のないところでは、まずそうした運動の意義を関係者に知らせることから始めなければなるまい。行政担当者よりも、現場で児童福祉業務に携わっている方々に、そうした運動を理解してもらうことが前提ではないだろうか。

(7) 書店の開業奨励と既存書店の規模拡大

　読書を発展させるには、読みたいときに読みたい本を、身近で手にすることができる環境を整えることが最善である。本の入手は、図書館からでも、学校からでもよいが、自分の手元に置きたいので購入したいと思うこともあろう。親が子どもに本を買い与えたいと思っても、書店が身近になければつい買いそびれてしまう。

　奈良県内には、書店のない町村が21町村以上あると聞く。書店も公立図書館もない地域で、読書活動はどのように展開できるのだろうか。各町村の商業振興の一環としても、書店の開業を望みたい。かつて、通産省の外郭団体である「出版文化振興財団」によって、公営書店の開設が試みられたことがあった。

　また、小規模な書店しか存在しない地域では、その規模拡大にも努めていただきたい。書籍雑誌の府県単位の売上高は、2000年の統計によると、奈良県では112.91億円、人口一人当たりにすると

7,792円、全国最低であることに留意してほしい。読書活動を発展させるには、地域の商業振興計画も関係すると理解してほしい。

(8) 計画の推進体制と期間

　県の計画では、「奈良県子ども読書活動推進会議（仮称）」を設置し、関係者の研究協議を得て事業の推進を図ることにしている。また、関係者のシンポジウムの開催も計画されている。

　市町村においても、推進計画の進行状況を把握し、具体化を促進するために、推進機関を設置することが望ましい。この推進機関には、住民の参加も求め、開かれたものにすることが必要である。

　関係者が一堂に会して、一年間の推進計画の実施状況を点検し、次年度の計画を確認しあう会合をもつことは、読書活動のような長期にわたる見通しが必要な分野には不可欠である。そうしないと、計画自体が机上のプランに終わってしまうおそれがある。

　望ましい形としては、最初にそうした推進機関をつくり、これが推進計画の立案にも参画することである（東京都八王子市に例がある）。計画の立案会議を組織し、それが計画の成立後、推進機関に移行することも考えられよう。計画期間は、国および県の計画に準じて3-5年間程度とすることが適当であろう。

6　図書館協会として取り組むべき課題

　奈良県図書館協会は、公共、大学、学校など図書館関係者が一体となって組織されている団体である。このたびの推進計画の策定にあたっても、公共、学校関係者の参加があったと聞く。

　策定された県の推進計画には多くの批判があるが、これを本当に実のあるものにしていくのは、これから各市町村で策定される市町村の推進計画である。ぜひ実現性のある具体的な計画がつくられることを望みたい。

　そのためには、公共図書館部会と学校図書館部会が共同して、県内の子どもの読書活動がどのような状況であるか、詳細に把握する

調査を行っていただきたい。その結果を、県の「子ども読書活動推進会議」の審議に供するとともに、次期計画に反映できるようにしていただきたい。実態の把握が不十分なままで計画が進行することは、法律自体を空洞化することになりかねない。

　また、合わせて、これから各市町村で策定されるであろう推進計画をできるだけ早く収集して公表し、情報の共有化に役立てることも期待したい。

17　子ども達に読書の喜びを
－市町村での推進計画の策定を進めよう

『図書館とまちづくり・奈良県・ネットワーク』no.55（2005. 9）

1　子どもの読書活動推進計画と文字・活字文化振興法

　先日滋賀県東近江市八日市市立図書館の館長さんとお会いした。滋賀県では、推進計画策定が策定済みと策定作業中合わせて22市町村、全市町村（33市町村）の67％であるが、県教委から各市町村宛その促進を要望する通知が送られているという。

　同県の公立図書館設置率は80％に達しているが、市町村合併の影響でさらに上昇している。その児童サービスの状況は、『日本の図書館・2004年』によれば、総登録児童83,700人、5-14歳人口の61.1％、児童生徒数と比較すれば94.6％になる。

　奈良県では、図書館設置率51.1％、総登録児童は93,600人、5-14歳人口の71.3％、児童生徒数の78.7％である。人口構成によるのか、5-14歳人口に対する比率では滋賀県を上回るが、児童生徒数に対する比率では16％ほど低い。「市町村子ども読書活動推進計画」の策定は、県教委の情報によれば、策定済み3市町、策定作業中6市町村、合わせて9市町村19.6％（全市町村数46）であるという。このような状況を高め、拡大していくには、市町村自体での推進計画の策定・実施がぜひとも必要である。

　今年7月「文字・活字文化振興法」が公布施行された。「文字・活字文化」とは「活字その他の文字を用いて表現されたもの（文章）を読み、書くことを中心として行われる精神的な活動、出版活動その他文章を人に提供するための活動並びに出版物その他の文化的所産をいう」と法律に定義されている。つまり、読書活動と出版活動を積極的に振興させようというものである。

地方自治体は、この法律第5条に基づいて文字・活字文化の振興に関する施策を策定する責任を負うことになったが、出版業が存在しない大都市以外の地域にあっては、子どもの読書離れ、学力の低下を押さえるために、学校での国語教育、情報リテラシー教育の充実によって、その言語力の涵養を図るとともに、地域の読書施設の充実を推進することを意図したものと理解できよう。第7条で、特に市町村の図書館整備に触れていることは重要である。読書は、子どもの時期から習慣付けることがもっとも大切であるから、子ども読書活動推進計画は、この法律が求める地方自治体の施策・環境整備の基本部分であるといってよい。

　子どもの読書を発展させるには、子ども達の日常的な生活環境の中に本を置いて、子ども達がいつでも本を手に取れるような状況を創りだすことが最善の方策である。石井桃子さんは、1965年に『子どもの図書館』のなかで「ポストの数ほど図書館を」と提唱している。これを市町村における環境整備計画の中心に置きたい。

2　学校図書館では

　読書の基盤育成に欠かせない国語教育、情報リテラシー教育を、学校教育において重視する必要があることは当然であるが、これと並んで、もうひとつの柱として読書教育を学校教育の中に位置づけていただきたい。

　そのためには、学校図書館の整備・充実が必須の要件である。川西町の計画を見ると、町内の学校図書館の蔵書数が「学校図書標準」に達していないという。また、生駒市の計画には、学校図書館を利用できる時間帯が限られているという記述があった。斑鳩町の計画に付されているアンケート資料でも、図書室の開室時間が放課後や昼休みに限られているところが多い。このように学校図書館が、児童生徒の読書要求を十分に充たしていない現状が明らかになっている。

　各市町村は、学校の図書購入費を増やし、あるいは公立図書館の

学校図書館向け資料貸出を積極的に利用して、資料を充実し、子どもたちの読書意欲を引き出す取組みをしてほしい。

　また、司書教諭が専任でない現状では、子どもが何時でも利用できるように、子ども達が在校している間は常時開館できる状況を創りだす努力をしてほしい。公費による学校司書の配置（岡山市・豊中市では全公立小中学校に学校司書を配置している）、司書教諭の担当授業時間の軽減、学校図書館係り教員の複数化、保護者のボランティア受入れなど、地域の実態に即した方法で人的整備を検討していただきたい。

　さらに、公立図書館との連携を強化する必要がある。特に小規模校の多い町村においては、これが欠かせない。そのためには、学校図書館側の態勢整備と公立図書館側での学校からの要求に対応する体制作りが必要となる。司書教諭または学校司書が先生方の要望をまとめて公立図書館に取り次ぐこと、公立図書館が学校で必要とする図書資料をあらかじめ準備すること、それを学校に届ける手段を整備するなど解決すべき課題は多い。滋賀県高月町の図書館では、毎週2回町内の各学校図書館を訪問し、その要望を聞き、必要な資料を届けるサービスをしているという。こうした連携を展開していくためにも、斑鳩町が平成15年度から学校との連絡会を開いていることはその第一歩として評価される。公立図書館側では、図書館法第3条にいう「学校教育を援助し」という文言は、具体的には学校図書館との協力を意味していると理解して欲しい。

3　市町村立図書館では

　もっとも取り組んでほしい課題は、市町村立図書館の整備・充実である。県内市町村立図書館の児童図書の所蔵冊数は合計97万1100冊、5-14歳人口1人当り7.4冊であるが、年間の受入冊数は69,327冊で1人当り0.53冊に過ぎない。子どもの登録者1人当りでは、0.74冊である。せめて、1年間に子ども1人に新刊1冊は提供できるようにして欲しい。

職員数の少ないごく一部の図書館を除いて、大多数の図書館は児童サービス担当の職員を置いている。従って、児童サービス担当の職員については、その資質向上のための研修がこれからの課題であろう。しかし、読書活動推進のために、さきに述べたような学校図書館との連携、住民の子ども育成団体との協力・啓蒙活動を展開していくには、児童サービス担当の職員のみならず全職員の意識改革が欠かせない。研修の企画にはそうした視点も忘れないでほしい。

　むしろ問題は、図書館設置率の向上にある。単純化した計算でいうならば、県内の5-14歳人口は14万1500人であるから、既設図書館の児童登録者（9万3600人）と比較すれば、まだ図書館サービスの行き届いていない子ども達が4万7900人以上いることになる。まだ図書館を持っていない自治体では早急に図書館の設置を、市町村合併で広域化した自治体では、子ども達の身近に図書館を設けるよう複数のサービス拠点の配置（生駒市は5サービス拠点を実現している）を検討してほしい。

4　地域活動と計画作り

　地域では、ブックスタート運動を実施している自治体が多い。ブックスタート運動の意義については、脇明子さんが『読む力は生きる力』のなかでていねいに解説している。この運動には、県から一部補助金が出ているということだが、こうした施策は直接の担当部門ばかりでなく、この計画に関係する人々に広く周知することが望ましい。この運動は、幼い子どもに絵本を配ることを通じて、保護者に子どもが幼いときから読書・本に親しむことの重要性を理解してもらうことにその狙いがある。絵本配布の機会に図書館員や文庫活動関係者などの協力を得て、その趣旨を住民に理解していただく活動、お話しや印刷物の配布などが欠かせない。

　また、文庫活動が展開されている地域では、その活動を援助していくため、広く図書館・学校・保護者の協力・理解を得る方策が必要であろう。文庫運動に携わっている人達による文庫連絡会が各地

にあるが、より広く関係者の協力を求めて「子ども文庫を支える会」に発展させることを考えてはどうであろうか。

　こうした活動を盛り込んだ計画を立案していくには、地域の子どもを持つ保護者の関心を高めることが欠かせない。計画は、住民に支えられることで、初めてその成果が期待できる。川西町の計画作りでは、地域でボランティア活動をしている方を中心として進められたようであるが、そうした推進力を地域のなかに見いだし、育成していくことが望ましい。すくなくとも、子供の読書活動推進に意欲のある住民の参加がぜひ必要である。

　もちろんこうした計画を実現していくには、なんらかの新たな行政施策とある程度の費用が必要となる。自治体のなかには、関係部門の担当者を広く集めた生涯学習推進組織を持っているところがあると聞くが、そうした施策との整合性を図るためにも、行政機関を代表する委員には教育委員会関係者ばかりでなく、自治体の企画部門担当者の参加が望ましい。

　法律の規定にあるように、計画の内容はその地域の子どもの読書活動の状況を踏まえたものでなければならない。斑鳩町が子どもの読書活動の状況を11ページにわたって具体的に記録していることは、活動の基盤を明らかにする意味で意義深い。計画作りは地域の子どもの読書実態の把握から始めたい。

　しかし、理想を高く描きすぎると、計画倒れになりかねない。計画期間を3-5年程度に設定し、その期間の重点目標を明らかにし、実施状況を常に検証して次期計画につなげるよう、段階を追った計画にすることが現実的であろう。生駒市・斑鳩町とも計画期間を5年（川西町は3年）としていること、生駒市が当面の目標を学校図書館の活性化とする方針を打ち出したことはその例であると見ることができよう。

（子ども達に読書の喜びを：基調講演　特集「奈良県子ども読書活動推進計画」について考えよう：第10回　大和郡山市立図書館）

18　図書館の行政サービスへの協力

『図書館とまちづくり・奈良県・ネットワーク』no.62（2006. 12）

〈議会図書室とは〉

　地方自治法第100条は、行政機関や自治体の長の不正行為などを調査する手段としてよく話題になるが、実はこの条文に、もう一つの規定が含まれていることは、あまり知られていない。

　その第16項に「（地方）議会は、議員の調査研究に資するため、図書室を附置し前二項の規定により送付を受けた官報、公報及び刊行物を保管して置かなければならない。」という規定がある。つまり、市町村議会は、この規定によって図書室の設置が義務づけられているのである。議会活動のために、議員さんにできるだけ勉強していただくには図書館が欠かせないという、数少ない図書館必置の法規定である。県内の市町村議会の図書室の設置状況や活動はどうなっているのであろうか。

　ついでに、日本で唯一ユネスコ協同図書館事業に参加し、活発な図書館サービスを展開したことで知られる高知市民図書館は、議会図書室の市民公開から出発した。

〈行政資料室とは〉

　一方、執行機関である行政部門は、合理的・効率的な行政を執行するために、日常的に施策に関する調査・研究が行われている。このため規模の大きな自治体では、企画・調査部局を設け、各種の行政資料をひろく収集し分析して、施策の参考資料を関係部門に提供している。これを行政資料室（または行政資料センター）と呼んでいるところもある。また、担当部門が違うこともあるが、住民からの情報公開要求に対応するため、行政資料や公文書の整備にも努め

ている。(情報公開の大きな部分が、公文書の公開でなく、地方行政刊行物の提供で占められていることを理解したい。)

〈機能の効率化〉

　この議会図書室と行政資料室という二つの仕事を、ひとまとめにした合理化は考えられないものか。議会図書室と行政部門の資料室は、設置主体が異なるのにどのようにすればいいかという疑問があろうが、東北地方のある市では、職員に市長部局と議会事務局の兼務を命じて、図書室を二枚看板にして一体化している例がある。それぞれの自治体の事情に応じて、対応を工夫することができよう。

　さらに、地方行政刊行物の公開は、図書館にとっても重要な仕事であるが、公立図書館は、こうした行政部門の活動に、どのように協力することができるか。

　このさい、資料の収集・提供という共通した役割を担っている議会図書室と行政資料室と公立図書館という三つの部門をどのように組み合わせれば効率化できるか、財政合理化・行政の効率化が要求されている現在、議会も、市町村長も、また図書館も、ともに考えてみてはどうだろうか。

〈図書館の行政サービスの事例1〉

　前川恒雄さんが『新版・図書館の発見』p.65に紹介しているが、東京の日野市立図書館では、市役所内に図書館の分室として市政図書室を設けている。ここでは、新聞や雑誌の記事から行政活動に役立つものを選んでクリッピングし、関係部局にそのコピーを毎日提供するサービスを行っている。もちろん、地方行財政関係の資料・文献の収集・紹介も行っている。行政資料室と公立図書館のサービスを一体化した事例である。同市では、このサービスが、市役所の各部門の担当者に評価され、図書館の存在価値を高めることに大きく役立っている。

　役場の職員が、日常の行政事務に図書館が役立つことを知り、そ

の情報提供を通じて図書館員と知り合いになれば、その交流は必然的に職員の方々の日常の個人的な読書要求にも結びつくことになろう。職員のリクエストに応じて、資料や図書をデスクまで届ける。そうした日常活動のなかで、職員に「図書館は、個人的にも、仕事の上でも役に立つ」と認識されるならば、図書館に対する理解が一段と深まり、役場の方々との接触がスムーズになるのではないか。

〈図書館の行政サービスの事例2〉

　そうした事例は他にもある。私の友人が勤める兵庫県の滝野町図書館（合併で加東市となった。）では、役場からの依頼に応じて地域産業振興策についての資料を集めてデータを提供したり、町の刊行物のレイアウトの相談にまで乗っているという。(『ぶらり庵からの手紙』直井勝著 p.62-3）

〈図書館の行政サービスの事例3〉

　宮城県の気仙沼市図書館では、かつて大型スーパーの進出が問題になったとき、全国の商工会議所に手紙を出して、他都市の同様事例に関する資料を集め、市役所と市民に提供して喜ばれたということを聞いている。

　この例で注目すべきことは、同じ資料・情報を行政部門にも市民にも提供して、行政当局と市民が一緒に対応策を考えるようにしたことである。その点、さきに紹介した日野市立の市政図書室が市民にも公開されているかどうか、議会図書室との関係はどうなっているかについては、同書に触れられていないのは残念である。

〈行政サービスと市民サービス〉

　こうした行政サービスに関係した情報（他の自治体での取組み事例を含めて）は、当然市民活動に携わる住民にとっても必要な情報であるから、その情報は当然住民にも公開されなければならない。つまり、行政部門へのサービスが、同時に市民へのサービスの充実

にも繋がるという認識がないと、こうした活動は行政への特別サービスであると誤解されかねない。むしろこれは、図書館のまちづくりへの協力の一環であるといえよう。

　こうした活動は、人手不足でキリキリ舞いしている小さな図書館にとっては、とても対応しきれないという向きもあろうが、こうした努力は、必ず予算増や職員数の確保にはねかえる。財政健全化に苦慮している自治体の図書館としては、このさいひとがんばりしてみませんか。

19 「子どもの読書活動推進計画」の発展といくつかの提案：

学校図書館の整備充実、公立図書館から学校図書館への支援について

『図書館とまちづくり・奈良県・ネットワーク』no.67（2008. 2）

　2月（H18年）の田原本でのフォーラム以後、川上村・大和郡山市・天理市で推進計画が策定されたことが明らかになった。その内容について、この後、それぞれの関係者から詳しいご報告がある。橿原市ほかでも進行しているという。たいへん喜ばしいことである。公立図書館が設置されていながら、まだ計画策定が進んでいないところもあるが、先進的な市町村の推進計画の実施が進行する中で、追々計画が進むことになろう。

　今回のフォーラムの機会に、いくつかの提案をして皆様の参考に供したい。各地の推進計画を拝見したところ、いずれも学校図書館の整備充実と公立図書館との連携が取り上げられている。それに関していくつかの提案を申し上げたい。学校図書館の整備状況については、当会会報65号で書いたように、資料の充実とその活用に当たる人の問題がある。

　資料の整備状況については、一例をあげれば、大和郡山市では小学校の基準冊数　10,760冊に対して5,400冊と約50％にしか達していないところがあるという。窮屈な地方財政のなかで、各市町村では予算編成に苦労していることであろうが、文部科学省の援助政策もあることなので、ぜひその枠だけは活かしていただきたい。

　地域によっては、いろいろな事情があって、各学校の具体的な蔵書数や基準達成率を示しにくいところもあるようだが、予算措置をするには必ず数字が必要なはずだから、公表するしないは別にし

て、各市町村の教育委員会ではその数字を把握していることと思う。

「朝の読書」など学級単位での読書活動に取り組んでいるところが多いが、その際の読書資料の提供はどうなっているのだろうか。学校図書館の資料ばかりでなく、学級文庫を設けているところあるようだが、そうした資料も含めて総合的に把握してほしいものである。

人の問題については、司書教諭はすべての学校で配置されているとのことだが、その勤務状況はたいへん厳しいようである。授業の持ち時間軽減の問題は、教員定数や学校運営上の問題もあって、市町村あるいは学校単位で配慮することは非常に困難だと聞いている。これを実現するには、より広域的に、県教委あるいは文部科学省での行政措量が必要と考えるべきであろうか。そうだとすれば、市町村において独自に実行可能な措置は、司書教諭の仕事を援助する学校司書（事務職員）を、市町村の負担で配遣するしかないのではないか。学校図書館関係者は、その必然性について声をあげるべきではないだろうか。学校司書の配置による学校図書館の活性化が、教育活動をいかに発展させるかは、各地の実例で明らかであり、そのためには多少の人件費は惜しむべきではないと自治体の理事者に訴えたい。

言うまでもないが、学校図書館の活動には学習活動の援助と読書教育の推進という二面がある。学習活動の援助には、そのときどきの授業の展開に応じで必要な資料を探し、それを提供する活動が必要である。その資料が学校図書館に所蔵されていなければ、公立図書館に連絡し授業に間に合うように借り受ける。そうした活動には、資料についての知識と能力を持った人が欠かせないし、それなりの時間と労力が必要である。保護者によるボランティアの導入が各地の推進計画に取り上げられているが、ボランティアは、読み聞かせやおはなし、資料の管理などには当たることができようが、学習活動に関係する図書館業務についてまで負担を求めることは事実

上困難であろう。ボランティアの担当する役割は、読書教育の推進に協力するのが中心になるだろう。ボランティアの役割を過小評価するのではなくて、学校図書館における司書教諭、学校司書、ボランティアの役割分担を明確にする必要があるとういうことを強調したい。そうした前提で、推進計画の中での学校図書館の新興、ボランティアの導入を考えていただきたいものである。

　公立図書館と学校図書館の連携についても、ぜひ考えていただきたいことがある。それは公立図書館から学校図書館への資料貸出しと、公立図書館からの学校訪問の定期化である。

　学校への資料の貸出しについては、これまでも団体貸出しの形で取り組まれてきたことであろうが、この推進計画との関係では、その役割について見直しが必要ではないか、例を挙げさせていただけば、大和郡山市の小学校11校、中学校6校、合計17校に対し、大和郡山市立図書館からの団体貸出しは年間4,946冊である。天理市では小・中学校合わせて15校に対して1,810冊に過ぎない。この図書館の団体貸出しの対象には、当然学校以外のグループや施設も含まれているだろうから、学校に対する貸出しは十分ではないと考えるべきではないか。

　これまで、公立図書館のサービスを評価するデータとして個人貸出数が取り上げられてきたが、学校図書館と公立図書館の連携をいう場合には、対学校への貸出の数を問題にすべきではないか。大部分の公立図書館は蔵書目録をインターネットで公開しているはずだから、学校図書館あるいは先生方がこれを活用すれば、子ども達が資料を利用する学習指導に関する学校図書館の活動には、もっと利用できるのではないか。学習活動の進展に時期を合わせた資料の配送には、手数がかかるという難点はあるが、これは図書館側が配送手段を工夫するかとか、ボランティアに運んでもらうとか、いろいろな方法が考えられよう。かつて、東京文京区の図書館で高齢者グループの社会奉仕活動の一つとして、図書館の相互貸借の資料運搬に協力いただいていたことがある。学校司書が配置されている地域

では、学校司書が公立図書館に取りに行っている例は各地にある。
　前に紹介したことがあるが、滋賀県高月町の図書館では、毎週2回図書館から学校訪問を行っているという。これにならって、公立図書館が定期的に学校を訪問し、必要な資料の注文を聞きこれを届けるサービスを行えば、学校図書館への資料貸出は飛躍的に増加するであろう。学校側では、司書教諭が各先生方の要求をとりまとめ、公立図書館に連絡することにすればよい。
　もちろんそうした学校図書館へのサービスを実現するには、まずそうした要求に対応できるように、公立図書館の資料が充実していなければならない。学校図書館の資料購入費を増やすのが基本ではあるが、公立図書館に学校図書館援助のためのコレクションを整備する資料購入枠を別枠で予算化し、これを市町村内の学校が共同で利用するのもひとつの方策ではないか。ただし、このコレクションは、あくまで学校図書館で不足する資料を補完する役割のものであって、学校図書館の資料整備を肩代わりするものではないが。ただ、奈良市の計画に、学校図書館同士の相互利用が取り上げられていたが、それよりも公立図書館に学校が共同利用できるコレクションを設けることの方が有効ではなかろうかと考える。地域の事情に応じて、さまざまなやり方を工夫してほしい。
　この方策をとるには、このコレクションの資料の収集について学校の先生方の協力が必要であり、また先に述べた学校への資料搬送手段の整備が条件になるが。
　また学習活動に必要な資料の提供ばかりでなく、先にあげた「朝の読書」など学級単位の読書教育活動に役立つ資料の提供もありうる。学校図書館への貸出ばかりでなく、学級を対象とした一括貸出なども考慮されてよいであろう。
　こうした公立図書館と学校図書館の協力の具体化を、ぜひ推進計画の中に織り込んでほしいものである。
　各地の推進計画は、ほぼ5年間程度を計画期間とし、その実現状況の中で次期計画を見直すことをうたっている。これは、読書活動

のような長期の取組を必要とする分野の計画においては当然のことであるが、もう一歩進めて、計画の中で長期的な目標と当面改善すべき課題を分けて明らかにすることを望みたい。どの計画にも、推進体制の組織化が織り込まれているが、その組織での計画実施状況の評価の具体化するためにも、当面する課題を明らかにしておくことが必要ではないか。

　限られた財政条件と人的資源の中で、理想を高く掲げてもその実現には困難が多い。具体的な施策を一つずつ実現し、解決していくことが理想に近づく手段であると考えたいものである。国の基本的な計画も見直しの時期に来ており、これに伴い、平成 15 年に奈良県が策定した推進計画も、いずれ見直す時期がくることになろう。もちろん、子どもを対象とするこうした計画は、地域が主体となって推進するものであることは当然であるが。

　そうした社会状況の変化にも目を配っておくことが必要となる。

20　利用者層の拡大を企図するということ

『図書館とまちづくり・奈良県・ネットワーク』no.105（2014.10）

　定職を退いてから、時々旅行に出る。そうした旅で街中に泊まったときは、いつも書店を探して町を歩くことにしている。少し大きな書店なら、たいていその土地で刊行された出版物が片隅に置いてある。いわゆる地方出版物である。観光案内が多いが、その土地の人の書いたものも結構ある。これらを眺めていると、その地域の文化活動がどんな状況なのかが、おぼろげながら見えてくる。

　数年前、長野市で泊ったとき、ホテルの近くの書店で『だから図書館めぐりはやめられない』という本を見つけた。元塩尻市立図書館長の内野安彦さんの著作、ほおづき書籍という地元出版社の刊行。職員に「貸出冊数を伸ばそうなんて考えなくていい。大事なのは利用者を増やすこと」と説示したという一節が目についた。

　彼の言いたいことはよく判る。貸出冊数を増やすよりも、図書館利用が市民に広がること、利用が市民の各層に浸透することのほうがより大事だということを強調したかったのであろう。そこには、利用者が市民の各層に拡大していけば、その多様な要望に伴って、収集する資料の幅も広がっていくというサイクルをつくりたいという狙いがあると読みとるのは深読みに過ぎるだろうか。

　その狙いがどれだけ実現したかは定かでないが、この本を読むと、同館ではけっこう多様な資料が収集されているように見える。当初の構想が実現できてはいないにしても、その目標にしたことは正しい。新設図書館で、こうした目標を立てて活動を開始した図書館がどのくらいあるか知らないが、注目すべき事例であろう。

　この本の巻末についている当時の新聞記事によれば、塩尻市立は、長野県内の図書館の中では貸出冊数がトップになったそうだから、そのほうでも活発な実績が示せているようである。

特 別 寄 稿

図書館の自由と石塚栄二先生

原 田 安 啓
（姫路大学）

　石塚栄二先生の図書館との関わりの歴史は長いが、私との接点でみると、期間はそんなに長くないようだ。私が日本図書館協会の評議員になった 1985 年ごろからだろうと思われる。このころ先生は個人選出理事（資料：日本図書館協会の百年 1892-1992 年）となられているので、評議委員会の席に出席されていたはずですが、記憶の糸に引っかかってこない。私はすでに日本図書館研究会（日図研）の会員にもなっていたが、当時不勉強であったので日図研の研究会にあまり参加していなかった（言い訳になりますが、自館にコンピュータ導入で多忙であったことにもよりますが）。ところが、ここで図書館の自由にかかわる「富山の美術」図録の扱いをめぐる事件が起こった。これは 1986 年の県立近代美術館の展示を発端として、それを掲載する図録を所有していた県立図書館が非公開とした事案であった。1987 年に日本図書館協会の知る所となり、協会では「図書館の自由に関する調査委員会（以下自由委員会）」が中心になり、事実関係の把握・確認することとした。このとき先生は「図書館の自由に関する調査委員会」の近畿地区小委員会の委員から協会の自由委員会の委員長になられたが、まさにこの問題の渦中に身を投ずることになった。1988 年から 1990 年にかけて頻繁に評議員会や図書館大会で報告される氏の姿を拝見し報告を拝聴する間に、私の脳裏に鮮明に「石塚栄二氏」が焼き付けられるようになった。これが先生との実質的な出会いだった。
　これは図書館の自由にかかわる問題として、日本の図書館界でかなり大きな事件としてとり扱われた（と思う）。「富山の美術」は「表現の自由」にもかかわる問題であったが、それは直接的には県立

近代美術館や県教育委員会の問題であり、県立図書館に対しては、図録の取り扱いに関して「図書館の自由」に抵触するのではないかという事案となった。詳細と事実経過は多くの関係冊子に存在するのでそれを参照していただくことにしてここでは立ち入らない。

先生は報告・発表において、内容をいくつかのパターンに分けて話され、客観的に知り得た事実に基づき発言・報告するという姿勢を貫いて、あまり自身の解釈や見解を加味しないで、判断はフロアの者にゆだねるというスタイルをとっておられた。

1990年10月自由の調査委員会の委員長として全国図書館大会静岡大会で報告するが、大会決議に盛り込むことが見送られ、抗議声明もなかった。以後この問題は、図録を破り捨てた者に対する裁判が最高裁まで争われ、1995年9月に、破った被告の有罪が確定し、証拠物件である当該図録が図書館に返還されることになったが、県立図書館長が受領を拒否し、所有権を放棄する事態となり、この是非が議論されたが、先生はこの時は自由委員会を離れていて、件名標目委員会の委員長となっていた。

石塚先生にとっても、「図書館の自由」にとっても後味のよくない終わり方となったのは確かで、残念としか言いようがない。図書館協会には各方面への配慮からか、踏込みの甘さがあったし、富山県側にとっても、苦しんだ上での結果としての処置が良かったのかどうかの疑問が残るが、ともかく幕が引かれた。関係者全員に禍根を残すこととなった事件と私はとらえている。

石塚先生は文部省の図書館員養成所時代から、和歌山県立図書館、大阪市立図書館などの職歴からしても資料組織に深い知識を持ち、この方面での業績が目立っています。図書館協会の自由委員会は役職として引き受けた一つの通過時点であったかもしれないが、日本における「自由」に関わる大きな事件に対処することになった。しかしここでも、この重責にもかかわらず職責を果たされたと私は思っています。

「図書館員の倫理綱領」の成立過程における専門職論
－時期尚早論をめぐって－

福 井 佑 介

（京都大学教育学部）

1. はじめに

　「図書館員の倫理綱領」(1980年採択)は、その名称から明らかなように、図書館員という「人」の在り方を管轄する自律的規範であり、日常の図書館活動において遵守されることが期待される。筆者は、これまでほとんど研究の俎上に載せられることがなかった「図書館員の倫理綱領」の成立過程を詳述した。そこで明らかになった特徴を指摘すれば、資料や利用者への責任の項目に顕著なように「図書館の自由に関する宣言」(1954年採択、1979年改訂)と価値を共有していることに加えて、専門職論の文脈を有することが挙げられる[1]。

　後者に関して、「図書館員の倫理綱領」が、司書職の専門職制度確立を「めざす」という立場を採用している点は、綱領作成者の強調するところであり、当時の図書館関係者から提示された、いわゆる時期尚早論との対比の中で説明される。こうした綱領作成者の見解を際立たせる事につながった時期尚早論に焦点をあてることは、「図書館員の倫理綱領」の形成過程についての理解を深めることになろう。そこで、本稿は、時期尚早論の主張者と倫理綱領作成者のそれぞれが採用した見解の関係性、すなわち、どこまで議論の前提を共有し、いかなる意味で対立していたのかという構造を分析する。

　以下ではまず、倫理綱領制定の流れにおける時期尚早論の位置

と、それへの反応を確認する。その上で、時期尚早論の主張者の論理の内容や射程を提示する。こうした作業を通じて、上記の関係性を明らかにする。すなわち、議論を先取りしていえば、「図書館員の倫理綱領」の特徴的な側面を説明するために対比的に語られてきたが、「図書館員の倫理綱領」の制定者と時期尚早論の主張者とは多くの点で前提を共有しつつ、倫理綱領の形成に寄与したことを明らかにする[2]。

2. 時期尚早論の位置付けと反応

まず、倫理綱領の制定過程において、時期尚早論と呼ばれるものがどのようなタイミングで登場し、それにいかなる反応があったのかを確認する[3]。

「図書館員の倫理綱領」の作成を担うことになる「図書館員の問題調査研究委員会」が活動を開始したのは、1970年1月のことであった。当該委員会の目的には、「専門職としての司書職制度の確立のために調査研究をする」ことが含められており、図書館員の労働条件や社会的地位の向上が関心の中心にあった。これに従って、委員会は『図書館雑誌』に報告を継続的に掲載し、1974年に一つのまとめとしての最終報告を公表した。そうした活動の中で、当該委員会は倫理綱領の必要性を訴えていた。例えば、職業人としての倫理と奉仕の精神が求められていることに続けて「その根底は自治組織としての職能団体である日本図書館協会の倫理綱領でなければならない」と述べたり[4]、専門職としての社会的責任や義務を果たす必要があり、「専門職集団をめざす協会が、そのための理念と基準を定式化したものが倫理綱領である」といったことを主張したりしていたのである[5]。そして、1975年から、倫理綱領の作成が正式に日本図書館協会の事業になり、綱領案の提示が重ねられ、1980年6月4日の日本図書館協会定期総会において採択されるに至ったのである。

こうした中で、初めて倫理綱領の骨子案が『図書館雑誌』に掲載

されたのは、1973年2月のことであった。後に時期尚早論とまとめられる見解は、これへの反応として登場した。1973年6月の「『倫理綱領の具体化のために』(本誌2月号)を読んで」は、骨子案を含む報告について、倫理や知的自由の問題に関して「有力な発言をされた数氏」に委員会が意見や感想を求めたものであり、室伏武、宮崎俊作、男沢淳、そして石塚栄二の4名の見解を掲載するものであった。

そこでの内容については次章で扱うこととして、ここでは先に、委員会側がいかなる形で4名の見解をまとめ、どのように応答したのかを確認しておきたい。1974年の「図書館員の専門性とは何か(最終報告)」の「倫理綱領」の章において、4名の見解を次のように要約している。

　①倫理綱領は専門職集団があって初めて存在する。
　②倫理綱領と権利宣言は異なるもの。
　③実態が伴わなければ無意味、したがって時期尚早。
　④協会が会員の権利を守るためにどのようなことができるのか、また、してきたのか。

こうした意見を当然のものとして、特に③と④については相当の危惧を抱くとしながらも、「多くの心ある協会会員が倫理綱領の必要性自体は十分に感じておられること、その意味でこの倫理綱領は専門職が確立してからではなく、それをめざすためにこそ必要なものであること」[6]と述べた。そして、この「めざすため」という立場は、採択された「図書館員の倫理綱領」にも継承された。

綱領採択後の1982年、制定作業に携わった久保輝巳は、倫理綱領の成立過程で時期尚早論が重要な指摘であったという認識を示している。この問題に関係する論点を簡潔にまとめると、まず、ウィレンスキー[7]が示すような既存専門職の歩みから言えば、先に養成制度の整備や統制力を有する専門職集団の成立などがあり、最終段階で倫理綱領の制定に至る[8]。それに加えて、上記の①③④の指摘に関して、日本図書館協会が純粋な専門職集団として形成されてお

らず、強力な拘束力を綱領に付与することもできないことから、実態を伴わない綱領は無意味ではないかという主張として総括し、日本図書館協会の「過去および現在の力量不足を批判した意見」とした。つまり、「倫理綱領の制定よりも真の意味の専門職集団の結成、ないしは日図協の強化が先決だ、というのが三つの意見に共通した論拠であった」という[9]。その上で、こうした考え方とは異なり、「図書館員の倫理綱領」は、日本図書館協会の専門職化を推進させようという立場を採用するのであり、こうした立場こそ「委員会の考え方」そのものであると特色を強調しながら、「図書館員の倫理綱領」を採択したこと自体が持つ意義を主張している[10]。

3. 時期尚早論の内容と射程

それでは、①③④の見解の具体的な内容とはどのようなものだったのであろうか。②の内容が中心の男沢淳を除く3名の見解のうち、時期尚早論に特に関係する部分をみていきたい。

まず、④の、協会と会員の権利との関係に触れているのは宮崎俊作であった。宮崎は、当時係争中であった配転問題を念頭に、こうした問題への対処で最も頼られているのは労働組合になっているのではないかと指摘し、「現在の日本図書館協会が、こうした司書の配転闘争を全面的に支援できるのかどうかとなるとはなはだ疑問」であるとした[11]。

一方、「時期尚早」という点に深く関わるのは①と③の論点であり、石塚栄二と室伏武が重点的に論じている。まず、石塚の「市民に対する誓約としての綱領を」では、倫理綱領とProfessional codeとのニュアンスの差から具体的な議論を始めている。それによると、Professional Codeの基本的な考え方というのは、社会的な義務を市民に対して誓約し、それに応じて、当然要求すべき権利を要求することである。この義務を忠実に果たす責任がProfessionにはあり、「市民の批判に応じて構成員を統制してゆく力をもった職能団体が成立しているのが不可欠」である。そして、これこそがProfession の自律性の具体的内容であり、維持していくために努力と意思の結集が必要であることを指摘している。それゆえ、Profession 団体への帰属意識の部分の強化と、将来の展望を明確にすることを要望し、「守りえないような空手形を振りだして、社会の信頼を失うことのないよう、地に足をつけて現実的・具体的な検討を積重ねられることを期待する」と述べて、論を締めくくった[12]。

また、室伏武の「『倫理綱領』制定の基本的課題」では、倫理綱領の制定について、「司書職の専門職化の要件の一つ」と捉え、「職業的集団である協会の重要な仕事」と位置付けている。そして、協会が統制力を有する集団になることが前提条件であり、司書職の社会的地位を確立することにもなるという。彼の議論の後半では、統制の具体的な内容として、倫理的行動は利用者のためにあり、これに違反した者を協会から除名することを挙げた[13]。

以上のことからわかるように、時期尚早論とまとめられた議論は、時期尚早であるがゆえに倫理綱領の制定を直ちに中止するよう求めるといった主張だったわけではない。もちろん、既存専門職の成立過程や要件を重視し、前提としての職能団体の成立が先にあるべきであることを念頭に置いていた側面もあろう。このことは、骨子案への反応以前の議論において、既存専門職の専門職化の過程に言及しつつ論を展開していたということからも垣間見える。ただ、そうした議論で関心が寄せられていたのは、むしろ日本図書館協会の在り方であった。

例えば、紙幅の関係で詳細に議論をたどることは行わないが[14]、石塚が 1967 年に『図書館雑誌』の誌上で Professional code の必要性を検討した論考のタイトルはまさに「プロフェッションとしての協会を」[15]であった。さらに、1970 年に『図書館界』に掲載された「図書館員の倫理」でもやはり、「専門職業を他の職業と区別する条件として Professional code のあるなしが問題とされる」という認識のもと、弁護士や教員といった既存専門職集団の倫理綱領を提示しながら図書館員に求められる Professional code の内容の検討を行っ

ていた[16]。このような、日本図書館協会の力量や統制力などを含めた職能団体としての向上への関心が、いわゆる時期尚早論においても継続していたのである。

4. 倫理綱領制定者の考えと時期尚早論との関係性

ここまでの議論を踏まえて、「図書館員の問題調査研究委員会」構成員が倫理綱領の作成にあたって採用した立場と、後に時期尚早論として言及されることになる見解との関係性は次のようにまとめられよう。

「図書館員の倫理綱領」は、図書館員の自律的規範を示すと同時に、日本図書館協会の向上を含めた専門職集団の確立を志向する。当該綱領の制定過程において「めざす」立場を採用してきた点は、確かに、日本図書館協会が純粋な専門職集団として成立することを倫理綱領制定の前提として求める時期尚早論とは相違している。

一方で、両者の相違点は、どちらを先に達成するかという結論部分にしかないと換言することもできる。両者ともに、専門職集団の確立には、既存専門職と同様に職能団体の成立や倫理綱領の制定が必要であると考え、図書館員という「人」の問題との関係で日本図書館協会の向上に関心を寄せていたのである。すなわち、専門職論という文脈で議論し、日本図書館協会の力を伸ばすことを求め、倫理綱領(あるいは Professional code)の必要性を認識するなど、多くの側面で両者は重視すべき事柄を共有していたのである。

5. おわりに

近年では、1960年代半ばから図書館界を含む多くのフィールドで語られてきた、既存専門職の成立過程をたどるという道筋にも疑念が呈されるようになってきている。薬師院はるみによる的確な議論が示すように、資格や専門職団体、教育の制度化、そして倫理綱領の存在などを獲得していくことで専門職化が進むという、いわゆる特性理論は、既存専門職の有する特性を後追いするだけにな

る[17]。諸特性の達成が専門職としての権威性の獲得に必ずしも結びつかないと言い換えることもできよう。

このことは、本稿で相違点として扱った、専門職団体と倫理綱領のどちらを先に達成するかという議論の論理的前提が揺らいでいることを意味する。しかしながら、共通点として明らかにした部分はどうであろうか。

図書館員をとりまく様々な状況は相変わらず日本図書館協会の力量の向上を要求している[18]。また、様々な論点はあろうが、専門的知識や技量の継承および図書館員の安定した雇用環境という点から、司書職制度の確立を求める議論は継続している。さらに、日常実践はもちろんのこと、突発的な問題という観点からも、「図書館員の倫理綱領」で示された規範の内容の重要性は変わることはない。特に、「図書館の自由に関する宣言」の陰に隠れて忘れられがちであった「図書館員の倫理綱領」も、近年では、日本図書館協会認定司書制度の審査規定において「図書館員の倫理綱領」の遵守が明記されるようになるなど、存在感を増しているといえる。このように、時期尚早論の主張者と「図書館員の倫理綱領」制定者の間で共有されていた、職能団体としての日本図書館協会の向上および倫理綱領の必要性は、今なお重要性を失ってはいないのである[19]。

注
1) 詳細は次の文献の第 4 章を参照していただきたい。福井佑介『図書館の倫理的価値「知る自由」の歴史的展開』松籟社，2015。
2) また、この小論が石塚栄二先生（以下、本論部分では敬称を略させていただく）の卒寿記念論文集に掲載されるという点に鑑みれば、こうした作業は、時期尚早論を主張したとされる石塚先生が倫理綱領の成立にいかなる形で「関与」したのかということを明らかにすることにもなろう。
3) 本節で扱う倫理綱領の制定過程の全体像および詳細は、次の文献を参照していただきたい。前掲 1）。
4) 図書館員の問題調査研究委員会「図書館員の専門性とは？」『図書館

雑誌』64(4), 1970.4, p.181。

5) 図書館員の問題調査研究委員会「図書館員の専門性とは何かその現実と課題：社会教育法改正に関連して（続・委員会の中間報告）」『図書館雑誌』65(11), 1971.11, pp.582-587，引用は p.585。

6) 図書館員の問題調査研究委員会「図書館員の専門性とは何か（最終報告）」『図書館雑誌』68(3), 1974.3, pp.104-111，引用は p.110。

7) Harold L. Wilensky. "The Professionalization of Everyone?" *The American Journal of Sociology*. 70(2), 1964.9, pp.137-159.

8) 久保輝巳「公共図書館司書の職業倫理」『関東学院大学文学部紀要』37, 1982, pp.1-30，引用は pp.12-15。

9) 同上，p.18。

10) 同上，pp.18-19。

11) 宮崎俊作「倫理綱領と協会の役割」『図書館雑誌』67(6), 1973.6, pp.247-248。

12) 石塚栄二「市民に対する誓約としての綱領を」『図書館雑誌』67(6), 1973.6, p.249。

13) 室伏武「『倫理綱領』制定の基本的問題（特集：図書館員の問題調査研究委員会『倫理綱領の具体化のために』（本誌2月号）を読んで）」『図書館雑誌』67(6), 1973.6, pp.246-247。

14) ここでは取り上げなかった室伏の議論として、次の文献を参照。室伏武「司書職論に関する序説」『図書館学会年報』12(1), 1965, pp.22-35。

15) 石塚栄二「プロフェッションとして協会を（特集：日本図書館協会への提言）」『図書館雑誌』61(11), 1967.11, pp.479-481。

16) 石塚栄二「図書館員の倫理（特集：図書館教育・続）」『図書館界』22(1), 1970.5, pp.2-8。

17) 薬師院はるみ「専門職論の限界と図書館職員の現状（特集：この困難な時代にあって図書館は何をすべきか）」『図書館界』68(6), 2017.3, pp.344-353。

18) 特に、薬師院の議論でも、職業統制理論の側から検討すれば、「ますます重要となるのは規範的権威による統制ということになるのだが、そのためには、単に専門職団体が存在していれば、それで事足りるというわけではない」として、共通の言論空間の必要性を指摘している。同上，p.351。これも妥当な指摘と考えるが、論理的にいえば、日本図書館協会そのものの向上が目指されてもよいということにもなろ

う。
19) こうしたこととの関係で筆者が石塚先生にお目にかかったときのことに触れておきたい。筆者は研究の過程で石塚先生のお名前を何度も拝見していたが、直接お目にかかったのは、2013年11月24日に大阪市立総合生涯学習センターにおいて開催された日本図書館研究会の研究例会においてであった（テーマは、先生が所蔵されている資料についてであった）。そこで石塚先生は、紹介されたご自身の業績に倫理綱領の制定が含められていることについて、これは誤りだという旨の発言をされたと記憶している。確かに、「図書館員の倫理綱領」の綱領案の作成に直接的に携わっていらっしゃったわけではない。しかしながら、本稿で略述してきたように、「図書館員の問題調査研究委員会」の成立以前から、専門職論の文脈で Professional code の必要性を指摘し、その内容の研究まで示されていた。そして、骨子案に対するご指摘では、当時の図書館界の言論空間の潮流からみて適切な対立軸を提示することになり、結果的に、「めざす」立場を採用するという「図書館員の倫理綱領」の特徴を際立たせることになった。「図書館員の倫理綱領」も歴史的、社会的文脈の中で形成されたということからいえば、石塚先生はこのような明確な形で倫理綱領の形成に「関与」したとみることもできよう。

堺市立図書館協議会と石塚先生

家 禰 淳 一

（奈良大学）

はじめに

　2017年3月30日に堺市立図書館協議会（以下、「図書館協議会」という）から「「今後の中央図書館のあり方」について（答申）」[1]が提出された。地域の課題等が複雑化する中で、その課題解決のための今後の図書館サービスのあり方を示唆したものである。図書館協議会では、今後約10年後の情報が多様化する社会の中で、コミュニティを支援するために、いかなる図書館サービスが必要であろうかということが議論され、答申としてまとめられた。

　この答申にさかのぼること30年と5か月、1986年10月28日に「堺市における図書館計画策定のための基本方策について（答申）」が出されている。堺市立図書館にとって、これが図書館協議会から出された最初の答申であり、石塚栄二先生は、学識経験者として、この図書館協議会の副会長であった。筆者は、堺市の1985年度採用であり、当時は堺市立解放会館図書ホール（現在「堺市人権ふれあいセンター舳松人権歴史館図書室」）勤務であり、中央図書館とは違う部署に所属していた。そのため当時の図書館協議会の議論の経緯については認識していなかった。筆者が石塚先生のお名前に触れるのは、2015年4月、図書館協議会担当者として、約30年前に記録された最初の答申に向けた手書きの大学ノートの図書館協議会会議録を見たときである。

　1986年度当時の答申を振り返りながら、その時の堺市立図書館を取り巻く状況を俯瞰し、石塚先生の業績をあらためて顕彰したい。

1　諮問から答申へ

　1983年7月1日に堺市立図書館協議会が発足した。初代会長が、当時堺市公民館運営審議会委員であった田中正芳氏、副会長が、堺市図書館友の会会長の松井郁子氏（松井郁子氏は、現在もご高齢ながら、堺市立図書館のことを常に考え、また、様々なところで精力的に活動されておられ、私たち司書に対しても優しく接していただき感謝の念にたえない。）であった。さらに、青木啓子氏、栗村節子氏、田中和子氏と、その後も堺市立図書館のサービス伸展に深く関わってこられた方々が委員として名を連ねていた。

　図書館協議会発足の2年前、1981年に、堺市議会において、「図書館行政の拡充に関する要望決議」[2]が採択され、早急な図書館計画の策定が重点課題となっていた。その市議会の要望決議を受ける形で、図書館協議会を発足し、そこで、今後の図書館計画を協議していくことになった。また1983年策定の『新堺市総合計画』の中にも社会教育活動の推進として「図書館活動の拡充」[3]が謳われ、それとの整合性も、図書館計画に求められた。そして、1984年4月19日、当時の堺市立中央図書館の川野一雪館長から図書館協議会に「堺市における図書館計画策定のための基本方策について（諮問）」が提出された。協議会発足時から、今後の図書館計画が重点課題あり、諮問以前から、図書館協議会では、その協議のための準備を進めていた。それから、図書館協議会は会議を重ねること30回、諮問から答申まで2年半を要した。

　その間、図書館協議会委員は、2年の任期であるため、一度、改選時期を経ている。第2期図書館協議会委員は、会長に引き続き田中正芳氏、副会長に石塚先生（当時は帝塚山大学教授）を選任した。図書館協議会の会議録を見ると、答申に向けた協議の間、当時としても先進的な図書館サービスを展開していた浦安市立図書館等へ視察に行き、また、活発な議論が展開されていた。

2　堺市立図書館サービスの伸展と図書館網の整備

　答申で課題とされたのは、図書館未設置地区への図書館設置、中央図書館を中心とした図書館システムの形成、障害者サービスの実施、高齢化社会（現在はすでに超高齢社会となっている）に対応したサービスの実施、図書以外の資料の収集と利用促進、学校図書館との連携、資料の効率的運用、読書運動の展開、文化活動（地域住民が出合い、交流し、学習する場としての集会活動など）の拠点としての役割などであった。その後、こうした課題を踏まえて、様々なサービスを展開していくことになった。堺市立図書館は、形を変えながらも、現在もこれに近い課題を重点取り組みとしており、更なる先進的なサービスの実現を目指している。

　堺市立図書館は、これまでも先進的サービスとして、いち早くデジタルネットワーク社会に対応すべく、図書館ホームページからの情報発信とインターネット蔵書検索・予約システムを2003年3月に稼働させ、2011年1月には、電子書籍提供サービスを開始している。また、図書館施設としては、現在、全区に区域館を整備し、2020年度には（仮称）堺東駅前サテライト図書サービスコーナー設置するむね計画されている。

　1986年の答申に基づく計画は一定以上の成果を得、さらに2017年度の答申では、以後10年の社会と技術の発展を洞察した、更なるデジタルネットワーク社会に対応した図書館サービスの展開を目指している。

3　堺市立図書館司書と石塚先生

　図書館協議会の発足以降、当時の係長級が手書きの大学ノートに、順番に会議録を記録している。

　その係長の中に、その、堺市立中央図書館の第27代館長を務めた髙田尚文氏に「石塚栄二先生の思い出」としてお聞きした談を以下に記す。

昭和 61 年（1986 年）、堺市立図書館協議会副会長として「堺市における図書館計画策定のための基本方策について（答申）」をまとめていただきました。
　図書館に電算処理業務が導入される時期とも重なり、市の図書館サービスが、点から線へ線から面へと構想される画期的な内容であり、今日の中央図書館を中心の堺市の図書館網の展望を構想して頂きました。
　基本のコンセプトは、「暮らしの中に、ポストの数ほど図書館を！」であり、当時図書館の内外に大変な反響を呼びました。現場で働く司書には、大きな夢と希望を与えていただきました。答申後の堺市議会（文教委員会）は、その実現に向けての議論に推移しました。
　石塚先生は書誌の整理にも精通しておられ、後進の指導にもご尽力いただきました。カード目録時代の「ネームオーソリティ」の心得や、「を見よ」「をも見よ」参照カードの作成についても印象深い研修でした。
　石塚先生は、温厚、篤実な人柄で、論理的であり、「石塚さんがおっしゃるんだから・・・」の安心感がありました。

　この髙田元館長の談にもあるように、当時の堺市立図書館は、現在のようなクライアント・サーバ型でのリアルタイムのオンラインではないものの、汎用機による業務の電算化へ移行しようとしていた時期であった。また、中央図書館ブロック、泉ヶ丘図書館ブロック、新金岡図書館、解放会館図書ホールという施設状況であり、広い面積を持つ堺市の現在の西区域、中区域にはまだ図書館施設はなく、移動図書館のサービスポイントでカバーしている状況であった。
　表計算ソフトが普及しておらず、インターネットすらなく、データを Web 上からダウンロードすることもできない時代に、司書が手作業で堺市の地図に町別や校区別の人口分布を落とし込みなが

ら、今後どの地域にサービスポイントが必要かを協議するために、図書館協議会用の資料を作成していった。そうした協議を重ねていく中で、石塚先生には、将来館長となっていく若手や中堅職員が、研修等で多くの知識やスキルをいただいたようである。

おわりに

石塚先生に堺市立図書館協議会の副会長を務めていただいた当時も、市民の価値観の多様性と、それに対応する図書館の在り方が課題となっていたようであるが、時代が進んで、現在でも、市民の多様なニーズに応え、市民やコミュニティの課題を解決していくために、市民の情報拠点としての図書館という基本的な理念は変わっていない。

図書館協議会が発足した当時は貸出冊数が200万冊を超え、蔵書冊数も50万冊を超えたところであった。当然のことながら、電算の力を借りなければ、これだけの利用を支えていくことはできなかった。2016年に堺市立図書館は100周年を迎え、『堺市立図書館100年史：1916～2016』（堺市立中央図書館　2016年3月31日）を刊行している。堺市立図書館が、市民に寄り添い、市民とともに歩んできた歴史がそこには刻まれている。私はこの機を転機として奈良大学准教授に転身した。

堺市立図書館も、他の自治体と同様、時代が進展し、行政改革や規制緩和が進み、多様な雇用形態が存在する中で、図書館サービスも変革を迫られた時期があり、司書や市民の力で、それを乗り越えてきたが、堺市の図書館計画の基本を示した1986年当時の答申なくしては、現在の堺市立図書館はありえなかったであろう。他の自治体の審議会等でも活躍され、堺市立図書館へもご尽力いただいた石塚先生に感謝の意を表したい。

注

1）「「今後の中央図書館のあり方」について（答申）」（平成29年3月30

日）、http : //www.city.sakai.lg.jp/shisei/gyosei/shingikai/kyoikuiinkai_jimu/tyuuou/toshokankyogi/h28/170330toushin.files/20170330 kagami.pdf
http : //www.city.sakai.lg.jp/shisei/gyosei/shingikai/kyoikuiinkai_jimu/tyuuou/toshokankyogi/h28/170330 toushin.files/20170330 toushin.pdf ［引用日：2017 年 4 月 30 日］

　これは、堺市立図書館協議会として 2 回目の答申となるが、最初の答申以降、これまでに図書館協議会では、提言などが出され、それに基づいてアクションプランを作成し、様々なサービスを展開してきた経緯がある。

2）「図書館行政の拡充に関する要望決議」（昭和 56 年 12 月 23 日）の内容は、以下の 3 点である。
　　1. 既設図書館事業の充実及び新図書館建設計画の推進に務めるとともに、分館・分室及び自動車文庫による全市域的図書館サービス網を確立すること。
　　2. 社会教育関係施設にはできる限り図書館サービス機能を併有させること。
　　3. その他学校図書館等との有機的連携を図るなど、図書館行政拡充の方途を検討し実施すること。

3）『新堺市総合計画』（1983 年）「図書館活動の拡充」の内容は以下である。
　　1）市民ニーズに対応した図書館サービスを行うため、中央図書館を中枢機能施設とし、地域図書館の建設をはかる。
　　2）きめ細かな図書館サービスをすすめるため、自動車文庫巡回サービス、地域文庫への貸出、および読書会など図書館業務・行事の充実につとめる。
　　3）府立図書館の誘致をすすめるとともに、国・府など市外の図書館との連携をはかり、資料・情報の交換につとめる。

石塚栄二さんと
「図書館の自由」の「微妙」

村 岡 和 彦
（元大阪市立図書館）

　石塚栄二さん（大先輩ではあるが館界での慣習から「さん」と呼ばせて頂く）は、1975年からの日本図書館協会（以下、日図協）「図書館の自由に関する調査委員会」（以下、「自由委員会」）在任時を中心に「図書館の自由」に関わる多くの論考を著し、当記念誌にも転載している。その論風は、原理的かつ実践的であり、図書館の「社会的責任」をバックボーンとして展開する勁さを持っている。周知のように石塚さんは幅の広い分野で活動し、1960年代から目録、司書の専門性等に関わる発言があるが、その一方で日図協『中小都市における公共図書館の運営』（中小レポート）で実地調査を担当するなど、自館内に止まらない活躍が見られる。「図書館の自由」にかかわる活動では、同協会の自由委員会発足時以来の委員参加、そして「図書館の自由に関する宣言」（以下、「宣言」）1979年改訂の起草委員、「宣言」改訂成立後の普及活動、自由委員会委員長在任中（1983〜88年）の「貸出業務へのコンピュータ導入に伴う個人情報の保護に関する基準」制定などが挙げられる。この「基準」は「1984年5月25日社団法人日本図書館協会総会議決」と位置付けられ、「総会決議」とされた「宣言」1979年改訂版の補足条項として強く意識されたことが伺われる。委員長を森耕一さんから受け継いでいた石塚さんは、日図協理事会においてこの「総会議決」を強く要請している。この後「宣言」に関わる補足条項・コメントはいくつか出ているが、日図協総会での位置づけを持つものはない。「宣言」1954年版から25年を経て1979年改訂に至り、同改

訂から既に 38 年を経た「宣言」上、「総会決議」の重みを改めて思わせる。

　石塚さんの関係発言を（1）「図書館の自由」への関与を示す発言、そして（2）「図書館の自由」への意識を示す事例に分けて考察する。

（1）1970 年 3 月 14 日開催の日図協評議員会での「協議題」4 件の内「言論・出版の自由に関して館界の意志を表明すること」を石塚さんが提出している。そこでは「図書館の自由に関する宣言が機関としてどう扱われたか。その上で図書館…の社会的責任を対外的に明らかにする必要がある。…ALA と同様知的自由を守る委員会に相当する機関の設置が望ましい。」と 1954 年以来保留されてきた自由委員会の設置までも視野に入れた「宣言」の再確認を提起している（『図書館雑誌』1970 年 5 月）。この背景は『[図書館問題研究会] 会報』（以下、「会報」）108 号（1970 年 4 月）で「図問研、JLA 役員会で発言」として図書館問題研究会（以下、図問研）の組織的活動としてこの協議題が提出されたことが示されている（石塚さんの名前は明示されていないが、協議題は一致）。当時図問研の本部は大阪支部が担当しており、石塚さんは図問研副委員長だった。当時のより直接的な状況としては、「公明党の出版妨害事件について」（「会報」107 号、1970 年 3 月）など言論の自由を揺るがす事例の頻発とそれへの危機感があっただろうことは容易に推定できる。この時は日図協から特に明確な反応はなかった。だが図問研は積極的な姿勢を維持するため、日図協の理事・評議員選挙へ候補推薦を行った。その流れのなか、いわゆる「山口県立図書館図書封印事件」にあたり、「協会の中に専門委員会（仮称図書館の自由委員会）を設け、常時活動すること」を具体的に働きかけ、それが現実化した（「会報」148 号　1974 年 3 月）。それを受けて自由委員会設立を担当したのが、図問研の推挽を受け選挙を経て理事となった森耕一さんや塩見昇さんだった。1970 年頃までの日図協の理事・委員はほぼ関東の人材で埋められており、例外的に山下栄さんを委員

長とする件名標目委員会（石塚さんも創設以来の委員）が関西側で構成されるだけで、個人としての関西人は目録委員の森耕一さんだけだった。だが、1970年代半ば以降公共図書館の活動の活発化を見るなかで、関西の図書館人、現場と民主主義に立脚点を置いた図問研の活動者が日図協に参画し始めた。石塚さんもその流れの中で、「図書館の自由」への関与を進め、深めて行かれたように思える。

(2) もっともいかに石塚さんであっても、内在的な要素がなくては「図書館の自由」に関わっての継続的な関与や深い論考は生まれてはこなかっただろう。元来原理的・基本的な追究姿勢を明確に持った方だが、それだけでは単に一般論であって、本書収録および収録しなかったものも含めた石塚さんの「図書館の自由」関連の論考の持つ勁さは想定しづらい。

　その内在的要素への刺激を伺わせる（ように私見の）投稿が、『図書館界』22巻4号、1970年11月号に見られる。「図書館の差別について：NDC 7 版[1] 378.9 問題」[2]は、部落差別を中心として差別問題・社会問題全般へのNDCの無頓着さを鋭く指摘している。この問題は同投稿掲載とほぼ時を同じくして1970年11月5日の日図協理事会で「奈良県立図書館長からの申出にもとづき」論議され、『図書館雑誌』1971年2月上の「協会通信」欄に「378.9の『同和教育』を削除」他の修正・対処が理事会および分類委員会により示されるが、上記の一片の通知では収束することはなく、修正項目を大幅に追加した「公示」（『図書館雑誌』1974年10月）、さらに出た質問も踏まえて追補した「NDCの分類変更及び索引項目の訂正削除について」（『図書館雑誌』1975年2月）へと流れを辿る。この1970年当時、石塚さんは先述のように図問研の副委員長だったが、同時に上記の三上氏の投稿のあった『図書館界』を発行する日本図書館研究会の理事であり、日図協では件名標目委員を長く務めていた。当時第一に「整理畑の人」と目されていた石塚さんにとって、この動きは他人事ではなかった筈だ。図書館業務の根幹をなす

整理分野での問題提起は、図書館の「社会的責任」に触れようとする人ならば避けて通ることができなかった筈である。

　自由委員会参加以前の上記以外で後進の目を引くのは、「宣言」1979年改訂版での「提供の自由」に付加された例外条項のひとつである「人権・プライバシーを侵害するもの」をめぐる言説である。石塚さんお一人に問われるものではないが、『部落地名総鑑』をめぐる状況がネットでの公開など新たな展開を見せる中、改めて現場の危機感を産んでいる論点だ。本書収録の「『人権・プライバシーを侵害するもの』条項について」で石塚さんは、それが例外規定であることを強調しながら同時にある種の資料の提供の非を強く指摘している。最近機会があり、石塚さんにこの点を「例外規定であることの強調と同時に部分的には強く『唱導的』でもあるように思えます。このバランスをどう考えるべきでしょうか？」とお尋ねした。石塚さんは筆者の非礼にもかかわらず苦笑しつつ「微妙なところだなぁ」と応えられた。「宣言」1979年改訂の達成と共に残された課題がここにある。それに取り組むのは現在の図書館人である。

注 ［注協力：志保田務］
1）『日本十進分類法　新訂7版』日図協，1968。その「378.9」の分類項目は次のように記していた。「特殊の階級・人種及び特殊な環境下に在る人のための教育　［改行段落］ニグロ教育、移民教育、同和教育、病院内教育、など」
2）同誌同号上の著者表示は「三上三禮」。表紙上の目次も同様。だが「三上正禮」が正しい。同稿は、当時桃山学院大学司書講習会の「図書館通論」担当だった森耕一氏が課したレポートから選び、森氏が理事であった日本図書館研究会の機関誌『図書館界』に掲載せしめた。

日本出版学会と石塚栄二先生

湯浅俊彦
(立命館大学)

1. はじめに

　私が石塚栄二先生に初めてお会いした時、「ずいぶんお年を召した先生だなぁ」と感じたことをはっきりと覚えている。正確な年月日は分からないが、私が日本出版学会の一員となったのが1989年であるから、それ以降であるに違いない。じつは私が図書館界の重鎮であった石塚栄二先生と親しくさせていただいたのはこの日本出版学会でのことであった。

　いま手許にある私が入会して初めて届いた日本出版学会誌である『出版研究』20号（講談社、1990年）をみると、1990年1月1日現在317名の「日本出版学会会員名簿」に「石塚栄二（帝塚山大学）」とともに「湯浅俊彦（旭屋書店）」とある。思えば、私が書店勤務から大学教員になったのも、この頃の石塚先生との出会いが一つの伏線のようになっているのである。

　学問研究において重要なことは、ある主題を徹底的に探求することであり、その途上において良き先達との出会いはまさに学徒の運命を決定づけるといっても過言ではない。

　そこで本稿では、次世代の方々の参考に少しでもなればという思いから、石塚先生との出会いと先生から学んだことを少し述べてみたい。

2. 出版の自由と出版流通の自由

　私と日本出版学会の出会いはじつに奇妙なものである。1985年11月に関西学院大学で開催された秋季研究発表会におけるシンポジウム「いま、読者をどうとらえるか－出版社、取次、書店の立場

から」の記録を『出版ニュース』で読み、このシンポジウムに出席していた関西学院大学の芝田正夫先生に手紙を送ったのがそもそもの始まりである。

このとき私は一面識もない芝田先生に対して「出版学会がいかに書店現場の実態からかけ離れたところで議論をしているか」を批判し、私が編集・発行していた書店労組の読者向け機関誌を送りつけたのであった。

私は日本出版学会の向こうを張って、翌年から書店労組主催のシンポジウムを開催した。1986 年「古い書店　新しい本屋」、1987 年「本屋が危ない！－書店にみる出版メディアの危機」、1988 年「読者は変化したのか？」、1989 年「出版の自由と差別－『ちびくろサンボ』とポルノを中心として」と毎年、多くの出版関係者の参加を得て大阪で開催される書店シンポジウムでは熱い討論が繰り広げられた。

私はその時、書店労組の方が出版学会よりもよほど産業的実態に留意し、現場の課題を析出し、読者に開かれた議論を展開することが可能であると自負していたのである。

ところで私が送ったきわめて無礼な手紙は普通なら黙殺されてしかるべきところを、なんとも懐の深い芝田先生からは逆に私が編集していた機関誌を定期購読したいと申し込みの手紙を頂戴した。そして 1989 年、ついに私は日本出版学会の会員となり、その後は関西で開催される秋季研究発表会はもちろん、関西部会にも熱心に参加していくことになるのである。

私が石塚栄二先生に出会ったのはそのような時である。石塚先生は日本図書館協会の図書館の自由委員会で活躍されていたことはもちろん私もよく知っていた。その石塚先生が日本出版学会の関西での集いには熱心に参加されていて、私はお会いするたびに図書館の自由と出版流通の自由の関係について、石塚先生を質問攻めにした。その時に得た知見から、私はもう少しアカデミックな観点から出版流通の自由の問題について論ずるべきだと痛感し、『出版研究』

25号（講談社、1995年）に論文「出版の自由と書店－大阪府青少年健全育成条例を中心に」、また『出版研究』26号（出版ニュース社、1996年）に研究ノート「出版の自由と差別是正のためのガイドライン」を執筆するようになったのである。

　1990年に『書店論ノート－本・読者・書店を考える』（新文化通信社、1990年）を上梓した私は、その後、出版の自由と出版流通の自由をテーマに研究を始め、それは『「言葉狩り」と出版の自由－出版流通の視点から』（明石書店、1994年）、「差別的表現と『表現の自由』論」（『岩波講座現代社会学15巻　差別と共生の社会学』所収、岩波書店、1996年）、『多文化社会と表現の自由－すすむガイドライン作り』（武田春子・湯浅俊彦共編著、明石書店、1997年）といった著作物となって結実していったが、その背景には会長を辞した後も出版の自由に関して学ばせていただいた日本出版学会の清水英夫会長（会長歴任期間1982年4月～1990年3月）と共に石塚先生の存在が私には大きなものだったのである。

3. 「日本図書コード」をめぐる図書館界と出版界

　私の学問的関心は1999年頃から電子出版に移り、『デジタル時代の出版メディア』（ポット出版、2000年）を刊行した。これは当時の書店での仕事が大学図書館における学術情報流通の変容、すなわち電子ジャーナル、データベース、政府系情報の無償公開など、紙から電子への移行というまさに「デジタル時代」に直面していたことと軌を一にするものであった。

　印象評論や動向紹介に明け暮れている日本における電子出版論議に学問的裏付けをすべきではないかと考えた私は2003年、大阪市立大学大学院・創造都市研究科に社会人入学し、電子出版研究の前段階として、日本の出版流通における書誌情報や物流情報のデジタル化についての研究に取り組んだ。修士論文『出版流通合理化構想の検証－ISBN導入の歴史的意義』（ポット出版、2005年）、博士論文『日本の出版流通における書誌情報・物流情報のデジタル化とそ

の歴史的意義』(ポット出版、2007年) を上梓したのであるが、博士論文執筆の際に重要なインタビューを行わせていただいたのも、またもや石塚先生であった。先生はすでに2002年度には日本出版学会を退会されていたが、直接連絡を取ってお会いすることになった。

　当時の私の記録には次のようにある。

　　2004年8月23日、大阪府吹田市・阪急北千里線の北千里駅前で石塚先生と待ち合わせ。すでに駅前に来ていらっしゃった石塚先生を見つけ、挨拶。ショッピングモール「SATY」内の喫茶「LIBERTY」でアイスコーヒーを注文し、「日本図書コード」問題について2時間インタビュー。

　久しぶりにお会いした石塚先生は初めてお会いしたころとまったく変わらず、ベレー帽をかぶったじつに愛らしいお姿であった。そして、私が博士論文執筆のために行ったインタビューにもきわめて明快にお答えいただいたのである。

　私はこの時のインタビューで、まず石塚先生が1978年の『図書館界』(29巻5号) に執筆された論文「目録情報サービス発展のために－印刷カードをめぐって」を示し、ISBN (国際標準図書番号) があれば印刷カードを発注するときに便利だと図書館関係者は考えていたのかという質問を行った。そして、1978年6月1日に日本図書館研究会が国立国会図書館にISBNを使うように要請文を出していること、9月5日に国立国会図書館から回答文があったことなど、当時の経緯について石塚先生に尋ねた。また、『図書館雑誌』が1980年10月号 (74巻10号) で「〈特集〉最近のISBN・図書コードの問題をめぐって」に「ISBNと図書館の自由」を執筆されたことにも言及し、石塚先生からは図書館の自由の観点から「できることと、してはならないことをはっきりさせて、その活用の仕方を論議する必要があったと思うのです」(『日本の出版流通における書

211

誌情報・物流情報のデジタル化とその歴史的意義』ポット出版、2007、p.320）という言質を得た。

　この博士論文では石塚先生のほか1981年の日本図書コード導入の際にさまざまな意見を表明した当時の出版関係者、図書館関係者、そして作家の井上ひさし氏ら総勢8名のインタビュー調査を資料編として掲載し、私は2007年3月に博士（創造都市）の学位を取得、29間勤務した書店を退職し、2007年4月から大学教員となったのである。

4. おわりに

　私が書店論の単著をまとめた頃から、出版の自由・出版流通の自由、そして書誌情報・物流情報のデジタル化へと学問的探求を続けてきた間、石塚先生は常に私の関心領域の中での先人であり、畏敬すべき師であったと言わねばなるまい。

　先生は私がフィールドとしていた書店における「出版流通の自由」問題に強い関心を示され、逆に私は先生から図書館の自由についての事例など多くの話をうかがった。それは脈々と私の中に受け継がれ、現在でも私の行動規範となっているものである。

　博士論文執筆のために石塚先生にインタビューする際、先生に連れて行っていただいた喫茶店の名が「LIBERTY」だったことは偶然だったのだろうか。最初にお会いした時に「ずいぶんお年を召した先生だなぁ」と私が思った石塚先生は博士論文執筆のためのインタビューで十余年後にお会いしたときにはほとんど変わらず、逆に「お年を取らない先生だなぁ」という印象に変わっていた。年齢や学問領域が異なれど、自分自身の主題を探求する強い力に圧倒され、人生の万般にわたって大きな影響をうけてしまう－私の中の石塚先生はそのような敬愛すべき、摩訶不思議な先生なのである。

　これからも私の関心領域である電子出版や電子出版の自由を探求する旅にも、末永くお付き合いいただきたいと心から願っている。

石塚先生の思い出
－図書館とまちづくり・奈良県・ネットワークとともに－

西 村 君 江

(平群町教育委員会)

　図書館とまちづくり・奈良県・ネットワークが1996年に発足して二十一年、石塚栄二先生とともに歩んで参りました年月を振り返れば、さまざまなことが胸に去来します。当会の歴史をたどりながら、思い出を綴らせていただきます。

2015年度当会総会で(奈良県立図書情報館)

会の設立から体制の立て直しへ

　当会はさまざまな立場の市民が集い、奈良県の図書館とまちづくりについて情報交流し共に考えていこうという趣旨で発足しました。石塚会長、故小林公代表、北克一、喜多三朗、前田章夫、故北村幸子、四名各氏の副代表、吉田憲一事務局長の体制でスタートし、会報の発行、講演会・シンポジウム、学習会など活発な活動を

進めていきました。会報「図書館とまちづくり」の創刊号の巻頭には、石塚会長に「まちづくりと図書館の整備は一体」という一文を寄せていただきました。まだワープロの時代、イラストも手描きや切り貼りで手作り感あふれるものでした。

会の運営は決して順風満帆ではなく、さまざまな局面がありましたが、いつも精神的支柱である先生のご助言で乗り越えてきたように思います。

発足後数年で、小林公代表が病床に臥されたため、役員・事務局の立直しを図り、2003年度より、会長・代表を代表に一元化し、石塚会長は代表に就任されました。事務局長は勝井立子氏から西村に交代し、こじんまり動きやすい体制にかわりました。

オピニオンリーダーとして

ここより、事務局長として石塚先生との電話・ファクス・手紙でのやりとりが始まりました。何よりも会報編集の要となるのが、会の顔ともいえる巻頭言です。石塚先生には、タイムリーな話題やご提言を、また時には歯に衣着せぬ論客としてご執筆いただきました。

当会は奈良県図書館整備構想が出された翌年に発足し、2005年11月にオープンした奈良県立図書情報館にも大きい関心を払ってきました。石塚先生は「図書館法改正と地方自治体の責任」(「図書館とまちづくり」19号1999年9月)において、自治体での図書館行政の見直しを、「解体から再生へ」(52号2005年3月)では、県立橿原図書館の閉館に際し県域全体の図書館政策へ言及されています。

2003年度より3回にわたる子ども読書活動推進フォーラムでは、県内の市町で策定された計画の経過や内容を学びました。このとき「子どもたちに読書の喜びを」(55号2005年9月)「子どもの身近に本を」(62号2006年12月)で、実効性のある子ども読書活動推進計画の策定を呼びかけておられます。

生きたアドバイス

　時に、事務局の運営が自転車操業になり、総会が遅れがちな年が続き、通信総会で切り抜けたこともありました。石塚先生が、「総会だからと大きな企画をしなくても年に一度会員が顔を合わせて交流する場に」と仰ってくださったことでうんと気が楽になり、以後会員の交流の機会として毎年きちんと開催するようになりました。基本に立ち返ることができたのです。

　またこの時期の定期学習会や事務局会議は勤め帰りの夜の時間帯で、昼間の方が活動しやすい会員には参加しにくいものでした。石塚先生のご提案で、昼間の定例活動として2004年12月に第1回をスタートしたのが地域交流会です。会には各地のおはなし会や図書館ボランティアをしているメンバーが参加し、地域協力スタッフとなって会報への情報提供を始め、会の運営推進を支える大きな力となりました。

地域や現場に生かされる学習会や研修会

　2002年頃から、帝塚山短期大学図書館（現帝塚山大学学園前キャンパス図書館）のご協力で隔月の定期学習会を開催しています。石塚先生には、その都度的確なご助言や方向性を示していただきました。講師は、障害者サービス・図書館政策は前田章夫氏、学校図書館は故北村幸子氏、当時、川西町立図書館長であった現益田副代表には図書館現場のお話を、子ども読書活動推進・ブックスタートや図書館経営に関わるテーマには、県外から脇谷邦子氏、谷垣笑子氏など、熱意と友情の手弁当で駆けつけていただきました。この学習会で学んだメンバーには、現在奈良県内の図書館で活躍されている方も少なからずおられます。

　そして2005年度に、県の補助金で行ったホームページ作成講座と並行して、喜多三朗（当時副代表）のご尽力でホームページの開設が実現しました。パソコン・プリンタ・サーバの一式の授与式

で、石塚先生が心から喜んでくださったご様子が目に焼き付いています。

　2006年に香芝おはなしローソクの会の石橋千代子さんより「奈良県のおはなしグループの活動がさかんになるように、そしておはなし会に関わる人たちに研修の機会をつくること」というご意思による寄付を受けたときは、先生から「奈良県子ども読書振興基金」としましょうとご提言がありました。地域交流会で愛称を考え、「言の葉基金」となり、事業が始まりました。これまで、藤田浩子氏、松岡享子氏、広瀬恒子氏、竹内惌氏、脇明子氏を講師に招き、奈良県下のおはなしボランティアに研修の機会を提供してきました。この事業は、燎原の火のごとく県内各地での学習会へとつながり広がっていきました。

全国図書館大会での発表と表彰

　2010年に全国図書館大会奈良大会が開催され、第1分科会第1分散会で、「図書館を支える市民」をテーマとして、石塚先生と西村が共同発表しました。石塚先生による当会の実践報告と、関連した具体事例として平群町立図書館・平群町図書館づくり友の会の取組を当時副館長であった西村が報告しました。このような場に不慣れな私は先生にご迷惑をかけ反省頻りでしたが、先生と共に壇上で発表させていただく機会に恵まれてほんとうに幸運でした。

　2014年の第100回全国図書館大会では、公益社団法人日本図書館協会より、長年図書館活動を支援している団体として、奈良県では「奈良子どもの本連絡会」とともに表彰されました。先生は、会報107号（2015年2月）で、お礼とともにこれからの活動への励ましと受止めたいと感想を述べられています。

市民とともにある図書館を希求して

　図書館界の研究者でありながら、当会の草の根の活動を20年以上支え続けてくださった石塚先生の思いの原点はどこにあるのだろ

うかと、常々お伺いしたいと思っていたところ、2013年11月の日本図書館研究会研究例会でのご挨拶で、図書館の仕事に就いたのは、むしろご自身が図書館も書店もない地域環境で育ったことから来る希求であろうと話され、合点がいきました。

　石塚先生の思いが凝縮されている一文を「図書館を支えるものを考えよう：通信総会2002　part 3」（39号 2003年1月）より下記にご紹介し、先生と共に当会のめざすものとさせていただきます。

　「たくさんの会員から、いろいろなご意見をいただきました。それらを通じて感じられたことは、図書館は住民の力によってつくられ支えられているということです。図書館が人々の交流の場となる。それはまちづくり〈コミュニティの創造〉そのものでしょう。それぞれの地域で、自治体と住民と図書館員の三者一体の活動が、さらに発展することが望まれます。このネットワークが、それに役立つために、これからも会員の皆さんのご支援をお願いします」。

結び

　この21年間、石塚先生には、暑さ厳しい季節の総会にも、大阪から奈良まで毎年お元気にご参加くださり、私たちを励まし続けていただきました。日頃は水中ウォーキングなどで健康管理を怠らず、万葉歌碑を訪ねる旅を続けられ、図書館への揺るぎない志を抱かれる穏やかな笑顔の先生。感謝の思いを如何にお伝えしたらよいのか・・・これからもお元気で、この奈良県の草の根の市民活動を支え、私たちと共に歩み続けてくださるよう、心から願っております。

石塚邸最終蔵書目録の編成軌跡

山 田 美 雪
（兵庫県立大学）

　石塚先生の蔵書目録作成のために、初めて先生のお宅に伺ったのは 2015 年 3 月でした。前年に日本図書館研究会例会でご講演いただき、お名前は存知上げていたものの、日本図書館史に残された偉大な軌跡をつぶさに知るのは、私邸に残された相当な蔵書と志保田先生を初めとする同行の先生方との会話からでした。
　ご本人曰く「大半の資料は勤務先の大学図書館へ寄贈してしまった」ということでしたが、訪問の度に、後から後から奥の書庫から出てくる資料の山に圧倒され、現役中は、いったいどれほどの資料をお持ちであったのか、想像もつきませんでした。
　そして蔵書にまつわる先生方との会話の中から繰り広げられる会話の凄さにも圧倒されました。テキスト上に出てくる有名な図書館関係者の名前が次々に出て来ては、色々なお話を伺うことが出来ました。そのなかには印刷資料からだけでは伺えない、大変貴重なお話しも数々ありました。戦後の図書館養成所時代から現在に至るわが国の図書館の歴史を生で聞くことが出来る、まさに生きた図書館史を直接知ることが出来る、貴重な体験であったと思います。
　元々栃木のご出身であった先生が関西に来られるきっかけになったのは、図書館養成所の舟木所長から和歌山県立図書館を紹介されたのがきっかけだったそうです。お話しを伺っていると当時の図書館の就職・転職は人と人との繋がりから出て来た、というケースが結構あり、またそこで新たな図書館活動のネットワークが生まれてくる、という非常に活気に満ちあふれた時代であったことではないかと思われます。
　毎月 1 回、日曜の午後に先生のお宅に伺い、持参したモバイル

PCで地味にコツコツと資料データを入力しつつ、今入力している資料の由来や、内容や当時の時代背景、関わっていた人々のお話が次々と繰り広げられていきました。

　そのような作業の中で気づいたことは、石塚先生は、図書館関係の本・雑誌はもとより、全く違う分野の雑誌なども収集し、執筆されていたということでした。ジュリストといった法学専門雑誌や、中国研究の専門雑誌、企業の広報誌まで幅広く執筆されています。

　蔵書の中には作業部会、各種審議会、自治体基本計画案、といったあまり表には出てこない灰色文献的な資料も数多く残されていました。専門図書館ならともかく、先に受贈した大学図書館はそういった資料はあまり積極的に引き受けないということもあり、先生の手元に残ったということを伺いました。おかげでそれらの資料を見ることが出来、既刊の著作目録に未収録の石塚栄二先生の業績の数行を書き込める機会となりました。

　大学退職後も、"図書館の自由"の問題や「図書館とまちづくり・奈良県・ネットワーク」などNPOの図書館活動に精力的に関わっておられるため、退職後に購入された新刊本が多数あります。生涯「図書館活動の研究者・実践者」としての姿勢を貫かれていることを間近で見て、研究者としてのあるべき姿を見ました。

　振り替えれば、この訪問は2年間以上続き、入力作業からくる肩凝りに悩まされつつも、贅沢な経験、至福のときでした。多くの作業は大学司書・石井莉乃さんとの楽しい協働でした。その成果は、この度の記念出版会で結実することとなりました。しかし目録が膨大なうえ、関係蔵書の収納先が確定できておらずこの記念誌上に掲載することができませんでした。残念ですが、今後の公刊機会を仰ぎ待ちます。

　このような機会をいただいたことに石塚栄二先生を始め、日本図書館研究会、図書館学資料保存研究グループの先生方に心から御礼を申し上げます。

石塚先生の広く大きな足跡

志保田　　　務
（桃山学院大学）

　図書館法制定の 1950 年、その成立（同 4 月 30 日）に向け街頭運動してきた若人の群像が『図書館雑誌』4 月号表紙を飾った。

　その前月文部省図書館職員養成所（以下、養成所）を第 1 期生として巣立った卒業生の記念写真である。最前列中央に、背広姿で天に目を放つ青年が映っている。七三に髪を蓄えた石塚栄二先生である（以下、石塚氏または氏）。氏は終戦前後の時期、全人教育の玉川学園（旧工専）に学び、同学園の図書館を手伝っていたが、新憲法のもと思想、良心の自由保障の砦と期待される公共図書館に興味を抱き、養成所の門をたたき、館界に身を投じた。卒業後の赴任先は和歌山と、栃木県生まれの氏本来とは無縁の地の県立図書館だったが、この就職は同館館長の懇請と舟木養成所長の推薦によるとい

う。着任した氏はこの館の不整備ぶりに驚嘆した。閲覧方法、資料配列法、学校や他館との連携など、あらゆる面に不足を感じた。その慨嘆を『図書館雑誌』への最初の投稿とした（前掲「石塚先生著作文献リスト」1950.12 欄記事：以下「文献　年月」という形で索引）。ただ和歌山という立地こそが氏に御伴侶や県立医大の森耕一氏との出会いを実現し、さらには大阪圏の図書館研究活動、更には新設される大阪市立中央図書館へと繋がったと考えることができよう。

　終戦期の図書館員養成教育では、分類や目録に主関心がおかれた。現場でも資料の収集、受入（学制改革などによる保管転換など）、整理（分類など）が急がれていた。石塚氏にも初期には分類、目録に関する論述が多い。ただその底に利用者志向があり、合理性の追求、実体験からの論法があった。この能力を見抜き現地調査員に加えたのが『中小都市における公共図書館の運営』（日本図書館協会＝JLA）事務局である。当時 JLA の担当局員は養成所における氏の後輩、前川恒雄氏（のち、日野市立図書館長、滋賀県立図書館長、甲南大学教授）であり、更にその前任者は同じく養成所の後輩・石井敦氏（神奈川県立図書館、東洋大学教授）だった。この調査における石塚氏の貢献ぶりは、前川恒雄氏の談話において、森博委員に対する石塚氏の感想とともに語られている（『「中小都市における公共図書館の運営」の成立とその時代／オーラルヒストリー研究会編』日本図書館協会，1998. p.14）。

　石塚氏のその後、森耕一氏と出会い、氏は図書館運営から資料組織化の面にわたる、研究活動の両軸を備えた。

　1961 年 7 月、大阪市立中央図書館の新設準備に関わるべく氏は和歌山県職員から大阪市職員に転じた。大阪市立中央図書館の新設がなるそのとき（1961 年 9 月）に森耕一氏が整理課長として着任し、石塚氏は森氏の下で整理課主任となった。それ以降、石塚氏は、森耕一氏のよき支え役、引継走者となるが、この時期は、記述独立（目録）方式、件名目録、目録編成規則など整理部門が中心だ

った（文献 2017.5）。

　1964年、森耕一氏は大阪市立天王寺図書館長に、そして1971年同中央図書館館長となり、整理畑から図書館運営方面に論峰を転じて行く。この間、石塚氏は森氏の後を襲って中央図書館整理課長の席に着き整理技術関係の分野の後片付けのような働きをする一方、森耕一氏が新たに活躍の場とした日本図書館協会、日本図書館研究会などの域でも彼を補佐する立場（理事など）を勤めている。

　1970年代後半、石塚氏、森氏二人は轡を並べるように、大阪市立図書館を退職し図書館学の大学教員となった。転職先は森氏が京都大学、石塚氏は帝塚山大学（1976年4月）である。この時期から「図書館の自由」に関する分野が二人を含む協働の分野の代表となる。彼らと塩見昇氏、酒井忠志氏を中心に「図書館の自由に関する宣言　改訂版」（1979年）が策定された。ただし森耕一氏は1980年代ほぼ一杯で、この分野の議論を止める。これに対し石塚氏は、隣接の「図書館員の倫理」にも論鋒を加えつつこのテリトリーでの論及を継続した。「図書館の自由」の関係において1980-90年代全般を通じ氏の活動は顕著である。特に富山県立図書館の図録非公開と資料損壊事件（文献1988.5-1996.9）については訳10年に渡って深く追究した。その著作は、関係分野を渉猟した重厚な索引『「図書館の自由」に関する文献目録1950-2000』（日本図書館協会図書館の自由委員会編．日本図書館協会, 2005）の著者索引において39件の項目を有し、塩見昇氏に継ぐ第2位の文献量である。しかも上記のように隣接する図書館員の倫理、情報公開と図書館の領域にわたって論及を重ねており、その面で石塚氏は他の追随を許さぬ論述を残したといえよう（文献1983.12、文献1984.7，文献1984.9など）。

　こうしたバランスを保った広く深い研究態様は心の優しさにも支えられていると考える。例えば、富山県立図書館の図録彦言う会と資料損壊事件を追った論文（本誌「石塚栄二先生主要論文抄」no.14）において文末に次のように締めておられるところにもみら

れる。

　　富山県には多くの先輩や友人がいる。教職についてからの教え子もいる。この原稿ほど書き難かったものはない。何度も中断し、放棄することを考えた。しかし、編集担当者からの再三の督促と激励によって一応書き上げたが、多くの人々に迷惑をかけたこと、富山の人々に失礼の言辞を数々呈したことにお詫びを申し上げる。

　図書館活動、図書館の理念を中心に後半生を進んできた氏だが、20世紀末に『基本件名標目表　第4版』(日本図書館協会, 1999) を委員長として仕上げた（文献 1999.7, 1999.8, 1999.11）。このシソーラス系の件名標目表の完成は、氏における研究の両輪の一方を形成する資料組織分野に関する、30年来の集大成ということができよう。

　以上に見た氏の偉大な足跡はさることながら、帝塚山大学教授の終期に開設された（文献 1996.6）、「図書館とまちづくり・奈良県・ネットワーク」は、氏の畢生の拠りどころとなっていることを挙げなければならない。この会合での会長を20年という期間を超えて今なお続けのことは慶賀に値する（文献　2017.7など）。読書を基盤としたコミュニケーションの豊さを、生涯を通して貫徹される石塚先生の偉大なお姿に感銘する。次は、図書館とまちづくり・奈良県・ネットワークが中心となって、白寿のお祝いをしていただきたいと願ってやまない。

石塚栄二先生インタビュー〈編集〉

日時：2013 年 5 月 17 日　15：30～17：30
日本図書館研究会　図書館学資料保存研究グループ：
山本順一、志保田務、中村恵信
於・大阪府吹田市　石塚先生宅
（持参、石塚栄二先生文献目録初稿／大庭一郎編）

目的
　ALA には、アーカイブがあるが、JLA にはない。JLA の行政的立場（日本を代表）を侵略する意図はないが、存在しない図書館アーカイブを立ち上げることは NAL でもできる、その第一歩の探りたることを意図した。保存対象は、グレイリタラチュアーより公的性格が強いが、よく保存されていない研究会合、委員会資料などを中心にとする。その解説を、石塚先生の活動、お話を通じて実現できればと考える。

〈石塚栄二先生インタビュー〉
　〈先生のご出身、図書館へのかかわり始めのころについて〉
1927（昭和 2）年 9 月 13 日　栃木県野木町出身。ご尊父が学校教師、校長
　玉川工専卒（創設者小原圀芳がクリスチャン：国芳とも表わされる）
1949 年 4 月　文部省図書館職員養成所入学
　同養成所入学動機：玉川工専卒業後就職口がなく、同学園在学中図書館住込み。その経験から。授業料がなかったこと。「文部省図書館職員養成所」第 1 期生（若い日の芦谷清・元専修大学教授を含む）。
　・舟木重彦所長、弥吉光長氏、加藤宗厚氏、大田栄次郎氏、笠木二郎氏等に学ぶ。
　・在学中、日本交通協会図書館でバイト（同館主任：林靖一氏への敬慕を今もお持ち：林氏の著書を、見たい人に譲りたいと。林靖一氏に関しては、JLA が「林靖一賞」を設け、1956 年、古野健雄氏に、1957 年、佐野友彦氏［他 2 名］に授与し、終了。
　・養成所在学中　東京の神田界隈で図書館法を作れとの署名運動を行

1950年3月　同養成所卒業
1950年1月　和歌山県立図書館に着任〈3月末〉
　　関東出身で和歌山へ赴任するのか？（同期で関西赴任は唯一人）
　　出典：『図書館雑誌』1950年4月号　p 23
　　舟木重彦所長から和歌山県立の熊代強氏に紹介。←出典：『図書館界』18(1)：1966.5, p 31：執筆者紹介◆石塚栄二［編集委員Mが紹介。「M」は森耕一研究委員〈当時〉が該当］
　　同館は『図書館雑誌』、『圕研究』（青年図書館員聯盟）などを所蔵。図書館学研究ができると石塚氏自身判断したため。和歌山は、大都市・大阪の近郊地域。
1951年4月　森耕一氏が和歌山県立の大学に着任（氏は以前から分類法などに実績あり）。交流開始。
1951年9月29日　日図研が地区研究グループを立上げた。一つが大阪地区研究グループ（世話人：木寺清一大阪府立図書館司書部長）である。その第1-10回の会場：大阪府立図書館天王寺分館（館長南諭造氏。同分館は大原社会問題研究所跡地：大阪市天王寺区怜人町2番7号に1950年設置）だった。同館は1974年、大阪府立夕陽丘図書館となるが1996年大阪府立中央図書館が東大阪市荒本北1-2-1に完成したのに伴い廃止。同建物は、特許関係の公的団体が使用したが、2011年3月末、大阪府文化施設見直しで再整理化。
　　大阪地区研究グループの第3-8回の「概況」が『図書館界』4（1）：1952.6, p 24にある。1952（昭和27）年4月19日、大阪地区研究グループの第8回の「主話者」は「石塚栄二」、「主題」は「和歌山県立図書館のカウンターの設計」であった。
1952年10月　日図研「和歌山研究グループ」が発足。第1回（於・和歌山県立図書館）の報告が『図書館界』4(3)：1952.11に、「石塚記」として報告されている。森耕一氏軸に、石塚氏が世話人。その後地区研究グループは、主題研究グループに傾く。
1956年1月　目録排列法研究グループ成立（『目録排列規則』1961）。石塚氏参加。
1957年1月　結婚　堺市に居住
　　旧姓　中西悦子さんと結婚

悦子さんは高野山に近い出身、葛城町妙寺の人。県立　笠田(かせだ)高校卒業後、関西大学図書館講習所へ通い、司書補資格取得。のち文部省図書館職員養成所へ（1954年卒）新制第5期。母校の和歌山県立笠田高校の図書館でしばらく勤務。

1957年8月　整理技術研究グループ発起。森耕一氏、藤田善一氏。後に、横井時重氏。

1958年1月　奉仕技術研究グループ（現在、図書館サービス研究グループ）発足。

1958年初め、大阪地区研究グループは解消。和歌山地区グループは1954年自然消滅　←　出典：『日本図書館研究会の50年』1996, pp 223-224：石塚栄二氏執筆

目録排列法研究グループ、整理技術研究グループは主に旧大阪市立図書館で開催（天王寺公園内：当時。）

1961年7月　石塚氏は大阪市に転職、中央図書館建設準備室に配属。（大阪市立本田（ほんでん）小学校空き部屋で作業。開館前の9月16日、第二室戸台風が襲来。水害に見舞われるが準備中の新館建物に水は入らず）すでにその1年度前に塩見昇氏等が同準備室に入職していた。

1961年9月　同準備室に森耕一氏来任。同11 大阪市立中央図書館開館。石塚氏、整理課主任に。上の課長に森耕一氏就任。館長：西藤寿太郎氏。

1964年7月　石塚氏、中央図書館整理課長に就任。豊中市新千里北町3-1-c 41-2041976.3に移転。

1976年3月　大阪市退職。

1976年4月　帝塚山大学助教授。横井時重氏の後任。のち教授。同志社大学、図書館情報大学等非常勤。

1998年3月　吹田市藤白台へ移転。
　　　　隣接の大阪府循環器病研究センターには隔月に受診。かつて1か月、入院（同センターは、今後数年後、JR吹田操車場跡に移設決定）

1998年3月　帝塚山大学定年退職。名誉教授に。

2007年1月　悦子夫人、箕面市立病院入院、2011年4月ご逝去。奈良県・壺坂寺（南法華寺）に納骨。

研究活動

　図書館サービス・活動と、資料組織分野の、2面にわたる。
〈図書館サービス・活動〉
＊『中小レポート』　実地調査委員として石塚栄二氏の名前あり。
　日本図書館協会で同企画を担当した前川恒雄氏（養成所後輩）の推薦によるか。石塚氏の言。1960年度和歌山県立図書館に在職中のこと。黒崎義博氏（岡山県立）、小柳屯氏（大牟田市立）、藤丸昭氏（徳島県立）らと共に高砂市立図書館実地調査。
　この現地調査は、森博委員の指揮のもとに行われた。森博氏は、静岡県気賀町立図書館から秋岡梧郎が大田区立図書館に引っぱった。「中小レポート」出版時期には大学図書館へ転じている。
　石塚氏談：森博（実地調査委員長）、清水正三委員長（委員長）、と波長があわなかった？
　石塚氏が前川恒雄氏に「森博氏はなぜやめたのか」と問うたが、前川氏からは明言なし。
　森博氏、都立中央図書館建設準備室、日比谷の整理課長に。
　森博氏は『中小レポート』の普及に努め、日野市立図書館社会教育委員に。有山市長が勧誘したと石塚氏聞く。
＊図書館員の倫理綱領議論に参加。図書館の自由に関する宣言の作業に。
　「図書館の自由」の関係では、図書館員養成所で、その発想を、彌吉光長氏（図書館の権利宣言を翻訳していた）に教わる。ただし、彌吉光長氏図書館界であまり高く評価されなかった。（石塚氏談）
　1979年、「図書館の自由に関する宣言」、改訂作業は関西を場に。森耕一氏中心に積極的に取り組む。
　「図書館の自由に関する宣言　1979年改訂」においては、'図書館は' という主語とした。（← '図書館員は'）
　この主張について石塚氏は新任館長研修のなかに、図書館の自由を組み込むよう提言したものという。
　1980年『図書館員の倫理綱領』（久保輝己委員長）が発表される。議論に参加。
〈資料組織分野〉
＊1955年頃から、日図研、整理技術研究会で目録論に取り組む。
　加藤宗厚氏（駒沢大学）、木寺清一氏（大阪府立図書館）から「何か書

かないか」との誘い。
　高橋泰四郎氏（国立国会図書館上野支部）の論文「著者主記入論覚書」に対する反論を書く・
・南諭造（大阪府立図書館天王寺分館長、関西学院大学）が神戸商大（現・神戸大学）図書館員時代、1933年に、『図書館雑誌』27.5 に書いた論文を評価した神戸市史編纂者の落合重信氏が戦時に執筆の論文を、1970年に日本図書館研究会から復刻『書名主記入論』（出版委員長の石塚氏があとがき）
・横井時重氏の『日本図書館研究会報』記事に刺激を受ける。
・森耕一氏、和歌山県立理科短大講師（物理学教員）、和歌山県立医大（図書館課職員、進学課程助教授）として和歌山へ。
・森耕一氏、記述独立の「発見」。藤田善一氏（京都府資料館、広島大学事務長）を交え、記述独立について議論。
・『日本目録規則　新版予備版』（1977年版）で記述独立を実質的に採用

BSH
　初版（1956年、委員長：山下栄氏）、1962年改訂作業から委員となる。2版（1971）、3版（1983）まで委員。第4版（1999年）委員長を務め、シソーラス構造を導入。

関係団体活動暦
＊日本図書館協会
　1960年『中小レポート』実地調査員（高砂市立図書館を担当）
　1979－1982年　評議員
　1983－1986年　理事
委員長　件名標目委員会、図書館の自由委員会

＊日本図書館研究会
　1953－1965年　評議員
　1965－1991年　理事。編集委員長、出版委員長など。
　1993－2007年　図書館奨励賞選考委員
　2004年－　名誉会員

・図書館協議会：滋賀県、豊中市、堺市、東大阪市等。
1996 年－　図書館とまちづくり・奈良県・ネットワーク代表
・社会的活動を行っている。若い人たちに図書館業務をわかってもらう。読み聞かせなどのボランティアの人たちが中心。先般、竹内悊先生に来てもらった。

＊収集所蔵資料のうち、研究室部分は、帝塚山大学図書館に。勤務のための奈良の仮寓の蔵書を同志社大学に寄贈。残された資料のなかの一部を紹介。
　『大阪市立図書館 50 年史』
　『図書館員養成所同窓会名簿・卒業生名簿』
　『土岐善麿と図書館』新典社
　林靖一（国会図書館）の著作。
　多くの、受贈抜き刷り、研究大会予稿集、奥様・悦子様の図書学学習ノート類。多くの歴史書。万葉、和歌に関する資料。現在も朝日カルチャーの万葉講座等の受講に出かけておられる。

あ と が き

　今般の記念行事のもとは、日本図書館研究会オーラルヒストリー研究グループを経由し、山本順一教授を経て、図書館学資料保存研究グループによる石塚栄二先生の大阪府吹田市内の自宅内蔵書のリスト化を始めたことにある。
　石塚先生は、1998 年、最終常勤先の帝塚山大学へ、同校研究室におかれた蔵書（私有）を丸ごと引き渡された。それでも非常勤期間が終了するまで出勤の便のために併有しておられた奈良市内のマンションに多数の資料が残っていたが、これを兼任講師先の同志社大学図書館学資料室に寄贈された。受贈リストが同資料室の手で作成されている。以後は、吹田市宅を研究活動の本拠とされたがそこにも多数の蔵書がある。2011 年秋 senior 施設への引っ越しを決心され第 3 の蔵書の引き取り先を探すことになった。大処分後ながら、図書館関係だけでも 2000 点に及び、書斎、兼リビング、専用書庫に溢れていた。さらに、新刊集書が増え続けている。
　図書館学資料保存研究グループとしてリスト化する（主要作業者）とともに、このグループの仮設保存ライブラリーへの順次移動を行うことに決定し、1 か月に 1 回グループメンバー、4 人がご訪問し、目録入力をした。これらの作業、交通の資金は日本図書館研究会からの研究助成金によって相当分が支えられた。
　移動の順序は、先生が手元から離してもよいと判断なさったものからとした。前記の図書館学資料保存研究グループの仮設の保存ライブラリー（大阪市天王寺区内）に移動した。
　この移動した資料のうちに、返却を要求されたものが数点ある。図書館の自由に関する文献がそれだった。つまり研究行動はなお続いているのである。こうした経緯もあり未だ 500 点近い蔵書を従え

ておられシニアハウスへの完全転居は今も完遂しておられない。

　この最後の蔵書から見る先生の読書権益は、読書全域にわたる Living scalar なのである。

　又、筑波大学の大庭一郎編「石塚栄二先生著作目録（初版）」に加えて、蔵書内に所載の石塚先生の分担著作の洗い出しも行い、自宅資料蔵書リスト化を進めた。

　そのうちに、石塚栄二先生が2017年9月に卆寿を迎えられることがわかり、記念行事を思い付き、卆寿記念論文集の発行をしたらいいのではないかとの発案があった。2016年10月15日（土）に千里阪急ホテルに於いて志保田務、塩見昇、柴田正美、山本順一、中村恵信が集い、2017年9月9日（土）に卆寿をお祝いする会を開催するとともに、本記念論文集「読書の自由と図書館：石塚栄二先生卆寿記念論集」を発行することとした。更に前田章夫、西村君江、湯浅俊彦、村岡和彦、原田安啓、家禰淳一、渡辺信一が発起人に加わった。

　本書は志保田務、中村恵信、家禰淳一、村岡和彦、山田美雪、原田安啓で編集した。発行元日本図書館研究会理事長・前田章夫による序文、塩見昇による献辞（総合）、石塚先生のご挨拶と主要論文の収録、発起人がそれぞれの持ち場から著した論著、および新鋭の福井佑介京大助教による論文で飾ることができた。

　編集委員の方々のご協力をもとに、発行元・日本図書館研究会、印刷社・協和印刷KK、KK蒼元社のご支援で発行できた。編集期間が不十分なこともあり、事務方として出来栄えに不安があるが、今後の図書館情報学の発展に寄与できれば幸いである。

　最後になりましたが協賛下さった各位、執筆者、転載を認められた元誌発行所に厚くお礼申しあげます。

　石塚先生の益々のご健勝を祈り上げます。　　　　　（志保田務）

石塚栄二先生の卆寿をお祝いをする会賛同者

（敬称略）

○記念会出席者

姉川宗夫　上野武彦　神吉弘視　寒川　登　鈴木永二　立花明彦　谷本達哉　西村君江　深井耀子　松井純子　村上幸子　矢野明子　渡邉　勲
井榎貴塩　口倉田見　定執春昇　須立槻根藤丸本山田渡辺
高花礼本千郁敏伸
明子行彰年子一枝信一
稲垣城大北　柴田　関谷東原前三安山
房善盛一克美正　本弘　條文田川苫吉雪
子　行規啓和勝恵
上蔭山久保久志保田窪口谷中馬前田村家吉
田　　　窪口中馬田村家
久恭直智俊章和淳井悦
規恵信明夫彦一子
格子務子

執筆者一覧

はじめに	前田 章夫	日本図書館研究会（理事長）	
献辞	塩見 昇	大阪教育大学（名誉教授・元日本図書館協会、日本図書館研究会理事長）	
謝辞	石塚 栄二		
主要著作論文抄	石塚 栄二		
著作文献リスト	大庭 一郎 ほか	筑波大学	
特別寄稿	原田 安啓	姫路大学	
	福井 佑介	京都大学	
	家禰 淳一	奈良大学	
	村岡 和彦	元大阪市立図書館	
	湯浅 俊彦	立命館大学	
	西村 君江	平群町教育委員会	
	志保田 務	桃山学院大学（名誉教授）	
インタビュー	志保田 務	（同上）	
	山本 順一	桃山学院大学	
石塚邸蔵書記録記	山田 美雪	兵庫県立大学	
	中村 恵信	神戸松蔭女子学院大学	

障害者OK

視覚障害その他の理由で、活字のままではこの資料を利用できない人のために、音声訳（録音図書）および拡大写本、電子図書（パソコンなどを利用して読む図書）の製作を認めます。ただし、営利を目的とする場合は除きます。

読書の自由と図書館　石塚栄二先生卒寿記念論集

2017年9月13日　初版発行

編　者　石塚栄二先生の卒寿をお祝いする会
発行所　日本図書館研究会
　　　　〒550-0002 大阪市西区江戸堀2-7-32 ネオアージュ土佐堀205号室
　　　　TEL/FAX：06-6225-2530
　　　　E-mail：nittoken@ray.ocn.ne.jp
　　　　http://www.nal-lib.jp/
印　刷　協和印刷株式会社
　　　　〒615-0052 京都市右京区西院清水町13

ISBN 978-4-930992-24-6　C3000　　　　　　　　　Ⓒ2017 日本図書館研究会